E MARAVIANAN DI SEÑOR

Historia di Iglesianan Aliansa Evangélika di Aruba, Bonaire i Curaçao

1906 - 2022

Copyright © 2022

Outor: Pastor Eusebio Petrona historiadó i tambe diferente representante di Iglesianan Aliansa Evangélika di Aruba, Boneiru i Kòrsou kendenan a kompilá historia di nan Iglesia.

Produkshon: Comunion di Iglesianan Alianza Evangelica di Antiyas Holandesas

Kordinadó di proyekto:
Aruba: Pastor Eusebio Petrona
Kòrsou: Boanerges Barriento
Boneiru: Miralda Paula-Frans

Preparashon editorial:
Drs Luisette Kraal MsN MA
Miralda Paula-Frans

Revisor i korektor:
Suzy Arts, Eusebio i Sira Petrona, Sita Semeleer
Lilian Paula-Crestian, Boanerges i Yvette Barriento

Tema: Historia di Iglesianan Aliansa Evangélika na Aruba, Boneiru i Kòrsou.
Diseñadó di kaft: Kimberly Alberto
Sita Bíbliko: Tur Skritura ta saká for di Beibel Santu.
Ortografia: Den e buki akí a usa ortografia fonológiko i etimológiko.
Imprenta: Saved to Serve International Ministry

ISBN : 978-1-0880-3731-7

KONTENIDO

DEDIKATORIO	01
GRADISIMENTU	03
SPLIKASHON DI KAFT	05
PROLÓGO	07
INTRODUKSHON	11
COMUNION DI IGLESIANAN ALIANZA	11
EVANGELICA DI ANTIYAS HOLANDESAS	11

SENSHON 1
IMPAKTO DI HISTORIA DI TEAM
PA IGLESIANAN ALIANSA EVANGÉLIKA

KAPÍTULO 1
FUNDESHI DI IGLESIANAN ALIANSA
EVANGÉLIKA 1813-1931 — 15
Prinsipio di e obra — 16
Historia motivante — 20

KAPÍTULO 2
SOBERANIA DI DIOS DEN ALKANSE DI
KÒRSOU, ARUBA I BONEIRU: 1906 PA 1931 — 25
Bista general di
mishoneronan ku a traha na e islanan 1936 pa 1970 — 26

SESHON 2
HISTORIA DI E OBRA DI ALIANSA EVANGÉLIKA NA KÒRSOU

KAPÍTULO 3
HISTORIA KONDENSÁ DI E OBRA
DI ALIANSA EVANGÉLIKA NA KÒRSOU — 35

KAPÍTULO 4
HISTORIA DI IGLESIA ALIANSA EVANGÉLIKA
'EMMANUEL'
NA SALIÑA ABOU — 39
Historia i Fundashon di e iglesia (1906) — 39
Komienso di sirbishinan — 40
Konstrukshon di Iglesia na Saliña Abou — 44
Evangelísmo di Mucha i Método di Tènt ta duna Fruta — 46
Promé Pastornan na Iglesia di Saliña — 47

KAPÍTULO 5
E IGLESIA DI SALIÑA DEN AÑANAN '70 - '90 — 49
Proyekto Pro Edifisio — 50
Mishon i Evangelismo — 52

KAPÍTULO 6
HISTORIA DI MISHON DI SALIÑA 1970 TE KU AWOR — 55
Kantikanan lema pa konferensia di Mishon — 57
Títulonan di kantika di Mishon usá durante di añanan — 59
Mishoneronan ku Iglesia ta sostené — 60
'Short Term Mission' — 61
Klup Saforma i Klup Palabra di Bida — 62

Kampamentu	63
Preparashon maestro di Skol di Djadumingu 1986	64
Evangelismo den bario	64

KAPÍTULO 7
PERIODO 1990 – 2010.	65
Cecil Alberto Pastor tempu kompleto	65
Iglesia Aliansa Evangélika 'Lus Divino' ta nase	66
Susesonan ku gran influensiá riba e Iglesia	67
Plan 2000 di Iglesia Aliansa Evangélika 'Emmanuel'	69
Komposishon di Iglesia	74

KAPÍTULO 8
PERIODO 2011 – 2022	77
Rekonstrukshon di iglesia	78
Iglesia: Plan di Maneho 2016 – 2020.	82
Fore Runner, Boletin di Iglesia	83
Pandemia di Covid-19:	84

KAPÍTULO 9
HISTORIA DI IGLESIA ALIANSA EVANGÉLIKA 'DIOS TA AMOR' NA MONTAÑA ABOU	89
Fundamentu di e Iglesia na aña 1957-1965	90
Komienso di e obra na Banda Riba	90
Establesimentu di e edifisio	92

KAPÍTULO 10
DESAROYONAN DURANTE DI AÑANAN 1969-2000	95
Di Mishoneronan pa Pastornan Lokal Añanan 70	95
Diferente Desaroyo den dékada 80	99

KAPÍTULO 11
DESAROYO DURANTE DI AÑANAN 2000-2016   103

KAPÍTULO 12
DESAROYO DURANTE DI AÑANAN 2017-2022   105

KAPÍTULO 13
LIBRERIA I EDITORIAL EVANGÉLIKA
UN MINISTERIO ÚNIKO   109
Bukhandel Evangélika   110
Editorial Evangélika   114

KAPÍTULO 14
HISTORIA DI IGLESIA ALIANSA EVANGÉLIKA:
'LUS DI MUNDU'
NA PALU BLANKU   117
Historia kronológiko di Iglesia   117
Introdukshon   117
Tempu di Mishoneronan 1964 pa 1973   118
Tempu di pastornan lokal 1973 pa 2001   120

KAPÍTULO 15
DOS SUSESO GRABÁ HISTÓRIKAMENTE 2002-2022   131
Warwarú devastadó   131
Dios obrando grandemente   133
Pastor Tempu Kompletu   136

KAPÍTULO 16
HISTORIA DI IGLESIA ALIANSA EVANGÉLIKA
'SALU DI TERA'
NA BARBER   139

Fundashon i komienso di e Iglesia 1971-1978.   139
Ekspanshon di e Iglesia.   142
Tereno Propio: 144

KAPÍTULO 17
PERIODO ENTRE 1992-2022   147

KAPÍTULO 18
HISTORIA DI 'EL BETHEL FELLOWSHIP'
NA MAHAAI   155

SERSHON 3
HISTORIA DI E OBRA DI ALIANSA
EVANGÉLIKA NA ARUBA

CAPITULO 19
HISTORIA CONDENSA DI E OBRA
DI ALIANSA EVANGELICA NA ARUBA   163
Luchanan y oposicion na   163
comienso di e ministerio nobo   163

CAPITULO 20
HISTORIA DI IGLESIA ALIANZA EVANGELICA
'ORANJESTAD'   171
Inicio di Iglesia Alianza Evangelica Oranjestad   173
Oposicion, sirbishi den casnan y den aire liber   176
Crecemento den asistencia   180
Trahamento di edificio propio   183

CAPITULO 21
RADIO VICTORIA, IMPRENTA Y LIBRERIA   187

CAPITULO 22
INISTERIONAN Y ACTIVIDADNAN   191
Prome pastor local   191
Bishitamento y Evangelisacion   192

CAPITULO 23
LANDHUIS WASHINGTON   197
1961 – Campamentonan pa Mucha y
Hubentud na Plantashi Tromp: 197
Iglesia Alianza Evangelica ta cumpra
Landhuis Washington   198
Stichting Washington Jeugd Centrum en
Evangelisch Weeshuis   198

CAPITULO 24
PERIODO DI LUCHA, DIFICULTAD Y CRECEMENTO 201
Directiva di Iglesia Alianza Evangelica Oranjestad, un
combinacion di nacionalidad   208

CAPITULO 25
HISTORIA DI
'EVANGELICAL CHURCH OF SAN NICOLAS'   209
Inicio di e Iglesia 1957 pa 1969   210
Con tur cos a cuminsa   210
Construccion di e iglesia   211

CAPITULO 26
PERIODO DI 1969 PA 2000   215

Pastor Local: 216
Periodo Decada 80 216
Añanan 90 217

CAPITULO 27
PERIODO DI 2000 PA 2022 221
Obra cu Chinesnan 221
Celebrando 50 aniversario 224
Palabranan di Gratitud 225

CAPITULO 28
HISTORIA DI IGLESIA ALIANSA EVANGELICA
'POS CHIKITO' 229
Periodo di 1972 - 2000 229
Origen di Iglesia Bon Nobo 229
TEAM ta instrui Misioneronan pa
Cuminsa un Iglesia na Pos Chikito 230
Iglesia di Pos Chikito ta haya Nomber Oficial 232
Mas bon desaroyo na aña 1978 233
Impacto di Ceramento di LAGO 234
Eusebio Petrona Pastor Nobo na Pos Chikito 235
Mision 237
Edificio Propio 238
Periodo di 2000 pa 2022 239
Aña 2007 te cu Awor 239

CAPITULO 29
HISTORIA DI IGLESIA EVANGELICO
'EL CAMINO' 241
Origen di Iglesia El Camino 241
Periodo di 1997 pa 2000 242

OANSA - otro Maraviya di Dios	244
Plan pa cumpra un edificio mas grandi	245
Periodo di 2001 pa 2012	246
Compra di edificio	246
Lansamento y establecimento di OANSA na Aruba	246
Inauguracion di edificio y ordenacion di sr. Edsel Granviel como Pastor	247
Ampliacion di edificio y di ministerionan	248
Centro Comunitario El Camino	248
School di diadomingo, Iglesia pa mucha y grupo di Damas	249
Periodo di 2013 pa 2022	250
Continuacion di e tarea di edifica creyente y evangelisa	252

SESHON 4
HISTORIA DI E OBRA DI ALIANSA EVANGÉLIKA NA BONEIRU

KAPÍTULO 30
HISTORIA KONDENSÁ DI E OBRA DI
ALIANSA EVANGÉLIKA NA BONEIRU.   257

KAPÍTULO 31
HISTORIA DI IGLESIA ALIANSA EVANGÉLIKA
'EBENEZER NORT SALIÑA'   263

Fundashon di e Iglesia 1956 pa 2004	264
Pastornan	265
Tempu difísil	267
Periodo di Refreskamentu	267
Skol di Beibel Esdras	269
Plan di Konstrukshon pa ekspandé	270

Instalashon direktiva nobo ... 273
Último desaroyonan 2020-2022 ... 274
Covid ... 274
Ministerionan aktivo ... 275
Promé iglesia Uní den 2022 ... 275

KAPÍTULO 32
HISTORIA DI IGLESIA ALIANSA EVANGÉLIKA 'SALU DI TERA RINCON' ... 277
Rincon, Un Alkanse Mishonero ... 278
Inisio di Iglesia di Rincon 1959 pa 1980 ... 278
Kampaña evangelístiko ku tènt ... 278
Edifisio di iglesia di Rincon ... 280
Diferente ministerio i aktividatnan ... 281
Establesimentu di e iglesia 1981 pa 2000 ... 283
Ministerionan i aktividatnan durante e periodo akí ... 284
Periodo di 2000 pa 2022 ... 284
Pandemia ... 286

KAPÍTULO 33
HISTORIA DI IGLESIA ALIANSA EVANGÉLIKA 'PRENS DI PAS NIKIBOKO' ... 291
Introdukshon ... 292
Nasementu di e Iglesia (1971-1974) ... 292
Establesimentu di e Iglesia (1974-1986) ... 294

KAPÍTULO 34
PERIODO DI FORMASHON DI E IGLESIA (1987-2001) ... 297
Mishoneronan di 'Trans World Radio' aktivo na Iglesia ... 299
Evento Spesial riba 18 di yüli 1999 ... 302

KAPÍTULO 35
PERIODO DI TRANSISHON DI E IGLESIA (1999-2004) 305
Periodo di konsolidá e iglesia (2004-2014) 309

KAPÍTULO 36
PERIODO DI REALISASHON DI IGLESIA (2014-2022) 313
Algun ministerio ku a bini aserka durante e periodo akí 315
Durante Covid-19 317
Deseo pa un pastor tempu kompleto 318
Gratitut 318

DEDIKATORIO

Na nòmber di Iglesianan Aliansa Evangélika nos ta dediká e buki akí na Dios, den nòmber di Señor Hesus Kende a plania Su Iglesia desde eternidat i a triunfá. Na djE tur gloria i onor.

Historia di desde 1890 te ku awor na 2022 ta enserá masha hopi instansia, pais i individuo ku nos no konosé di aserka. Esei ta hasié asina hopi mas nesesario pa rekonosé, tur e sòldánan di Kristu ku a laborá pa Señor riba nos islanan i balorá nan trabou balioso ku hopi bes a bai kompañá pa gran sakrifisio.

P'esei nos ta dediká e historia akí na TEAM (SAM) huntu ku tur su avalancha di persona ku desde 1890 a stima nos promé ku nan a konosé nos i sin konosé nos nan a buska Dios, a obedes'E, i a ehekutá Su plan pa alkansá henter mundu, komo agensia mishonero den mas ku

50 pais yegando na mas di 2000 mishonero durante 132 aña te awor. Aruba, Boneiru i Kòrsou tambe a haña nan debido atenshon!

Na tur e mishoneronan, konosí òf no konosí, ku a sirbi riba e tres islanan akí, nos ta dediká e historia breve akí komo un ekspreshon di gratitut. Den e buki akí tin un lista basta largu ku nòmber di e mishoneronan pionero akí!

Partikularmente nos ta dediká e buki di historia akí na tur pastor i kongregashon Aliansa Evangélika komo regalo, pa duna boso e konfiansa ku boso no ta sekta! Boso tin orígen den plan eterno di Dios komo Iglesia fundá riba e Baranka ku ta Kristu, respaldá pa historia di Beibel i historia general.

I na tur Iglesia riba e tres islanan ABC nos ta dediká e buki akí komo enkurashamentu pa brinda boso historia na e kongregashon, pasobra kreyente no ta kai fo'i palu. Durante tempu Dios a yama Su skohínan, loke ta hasi nesesario pa kreyentenan sa e historia kon Dios a yega na nan i a stablesé nan!

GRADISIMENTU

Gradisimentu ta bai na promé lugá na Señor nos Dios Eterno, Kreador di shelu, tera i tur kos, Kende a diseñá henter e universo akí pa hende i pa Su gloria. Desde eternidat E tabatin Su plan pa alkansá hende. Si, hende ku El a skohe promé ku fundamentu di mundu. El a kumpli ku Su plan den Kristu Su nasementu, Su bida, Su resurekshon, asenshon i tur otro kos ku El a hasi i a permití durante historia.

El a ehekutá Su plan den último tempu na Aruba, Boneiru i Kòrsou, kreando un historia impreshonante pa medio di mishonero fiel i ku kurashi.

Komunion di Iglesianan Aliansa Evangélika ta gradisí esnan kende El a usa pa produsí e buki di historia akí.

Danki na Sr. Eusebio Petrona kende a bin ku e idea pa kompilá e historia di nos iglesianan di islanan

ABC komo testimonio di Señor Su fieldat! Sr. Robert McClain kende a laga dokumentu atras ku historia di Aruba, sra. Betty Henriquez-Ratzlaff, sr. Earl Ressler i otro mishonero ku a laga buki i dokumentonan atras. 'Threescore years and then; The Sovereign Hand, God made it Grow,' T.J. Bach i otro material komo fuente di informashon.

Danki tambe na tur representante di kada Iglesia di Aliansa Evangélika ABC ku a kontribuí ku nan relato na realisashon di e buki akí.
Danki na kolaboradó i outor Miralda Paula-Frans kende a sakrifiká su mes pa pone e buki di historia akí kana.

Nos ta gradisí sr. Boanerges Barriento, disipel diligente kende a skucha i skirbi dato di historia den klas di hòmbernan na Iglesia di Saliña, a siñ'é na maestronan di Skol di Djadumingu i ainda a produsí e promé relato históriko di Iglesia Aliansa Evangélika Emmanuel, ku a bira base pa e buki aktual.
Tambe nos ke gradisí nos lesadónan i korektornan Isidra Petrona, Sita Semeleer, Suzy Arts di Aruba, Boanerges i Yvette Barriento di Kòrsou i Lilian Paula-Crestian di Boneiru kendenan a lesa i a korigí dokumento di tur tres isla.

Tambe nos ta gradisí Luisette Kraal na Chicago kende a sirbi nos komo kanal pa gana e buki kompilá i produsí. Imaginá bo: SAM na Chicago a kuminsá nos historia i Chicago ta produsí nos buki di historia! Na Señor Dios tur honor i gloria awor i te den eternidat.

SPLIKASHON DI KAFT

Mi a pensa i a diseñá diferente portada pa e buki, ku lo kapta atenshon di tur e islanan i tambe loke a sugerí. Mi a yega na e idea pa usa yatu i datu komo transfondo.

Por haña yatu, datu, den mondi òf kantu di kaminda riba tur tres isla. Yatu, datu, ta un 'maravia di Señor'. E ta un palu resiliente ku ta biba hopi aña. E tin un kapasidat tremendo pa akapará awa i ta soportá i ta sobrebibí tempu di sekura, miéntras ku otro palu ta kaba na nada. Yatu, datu, ta floresé i ta duna fruta den sekura ku ta sirbi komo nutrishon pa bestia den naturalesa manera: para, raton di anochi i otro animal.

Mi a haña esaki un bon komparashon entre e Iglesianan Evangélika i nan historia. E iglesianan tabata fundá hopi aña pasá i nan t'ei te ainda.

Nos iglesianan tambe a pasa den tempu trabahoso, pero pa e grasia di Dios nan no a kaba na nada,i nan tin un ròl importante riba e tres islanan.

Mi a inkorporá e idea di un liña di tempu tambe. Mi a hasi esaki usando un liña ku ta ilustrá e islanan i historia di e iglesianan ku no ta un liña règt, stret, pero e tin su 'ups-and-downs' i tambe su bueltanan. Ademas e liña ta ilustrá konekshon entre e islanan, ku ta nos Iglesianan Aliansa Evangélika.

Kimberly Alberto

PROLÓGO

Da aña 1975 un Domi di Iglesia Reformá Liber, durante un reunion a hasi un pregunta na Pastor Richard Cowser i Eusebio Petrona: 'Kiko ta boso trasfondo históriko?' Eusebio a kontestá: "Nos historia ta sali for di Buki di Echonan dje Apòstelnan!" E domi a duna mi dos buki fini ku nan historia aden.

Ami Eusebio Petrona a sinti ku tabata falta algu serka nos komo Iglesianan Aliansa Evangélika. Religion ofisial di e islanan ta yama nos sekta, loke no ta bèrdat. Pero unda e relatonan históriko ku trasfondo di nos Iglesianan ta? Desde e dia ei mi a determiná ku mi ta bai buska i traha riba historia di e Iglesianan Aliansa Evangélika na nos islanan ABC!

Mi a usa nota di historia di iglesia general, a siñ'é na kongregashon di Iglesia Emmanuel na Saliña Kòrsou, pero ku masha poko informashon di nos mes!

Den añanan 80, tempu ku sr. Boanerges Barriento tabata presidente di 'Comunion Iglesianan Alianza Evangélico di Antiyas Holandesas', el a kompilá dato di e diferente kongregashonnan Aliansa di Aruba, Boneiru i Kòrsou. E tempu ei, kada Iglesia a duna nan relato ku tabata informativo pa nos Iglesianan. Ma kiko ta e konekshon entre nos i nos Mishon fundadó 'TEAM' i e buki di Echonan?

Segun mishoneronan tabata bai for di Kòrsou den añanan 80, nan tabata laga buki i material atras pa nos komo pastornan. Entre nan tabatin un buki di TEAM, kompilá i editá pa J. F. Swanson: "Three Score Years and … Then." Su kontenido tabata masha interesante, ma ku solamente tres página ku tabata duna algu di orígen di nos den islanan ABC.

Ma danki Dios pa Internèt fo'i unda masha hopi publikashon a bin kai den mi man. For di e relato históriko di Boanerges Barriento i e publikashonnan nos a bin kompilá un otro relato ku tabata kontené historia breve di inisio di e obra mishonero di TEAM na Venezuela, Aruba, Curaçao i Bonaire.

Den e publikashon interesante i di inspirashon akí, atrobe nos ta bai te riba laman di Indonesia na 1870, migrashon di un sueko frakasá na Dinamarka na di Dos Guera Mundial, na yegada di TEAM na Venezuela, Colombia i nos islanan ABC. Kada Iglesia ta kompilá i ta presentá su propio historia for di komienso te awor. Historia di Evangelio propagá, ta salba hende pa stablesé Iglesia di Kristu ku ta propagá Evangelio: sekta nò!!

"Evangelio a yega tra' lomb'i Dios
Foi lomb'i Dios Evangelio a sigui
Evangelio a planta Iglesia
Iglesia a propagá Evangelio
Evangelio a duna historia na Iglesia
Iglesia sa fo'i unda el a bin pa medio di Evangelio
Evangelio i Iglesia
Sekta Abolí!"

Pastor Eusebio Petrona

INTRODUKSHON

COMUNION DI IGLESIANAN ALIANZA EVANGELICA DI ANTIYAS HOLANDESAS

Na inisio di siglo 20, Dios a pone un karga riba kurason di e mishoneronan ku tabata pasa Curaçao riba nan ruta pa Venezuela, pa kuminsá un obra riba e isla akí.

Porfin na aña 1931 a kuminsá ku e promé sirbishi na Curaçao.

Segun e añanan tabata pasa e obra a yega Aruba i Bonaire.

Na vários okashon rumannan tabata puntra ken nos ta i di unda Iglesianan Aliansa Evangélika a bin.

Ku e kompilashon akí di e historia di Iglesianan Aliansa Evangélika mi ta spera ku e pregunta ken nos ta i di unda nos a bin lo haña su kontesta.

Un gradisimentu di kurason ta bai na nos Dios Kende a iluminá Su mishoneronan pa bin na nos islanan ku e evangelio di salbashon di nos Señor Hesu-Kristu.

Nos ta agradesido na tur mishonero i pastor ku a guia e obra pa e ta unda e ta awe.

Tambe nos ta gradisí tur e rumannan ku a sirbi Señor den e Iglesianan Aliansa Evángelika tur tempo.

Na Dios sea e gloria i e onor.

Pastor Cecil Alberto
Presidente di Comunion di Iglesianan Alianza Evangelica di Antiyas Holandesas

SEKSHON 1

IMPAKTO DI HISTORIA DI TEAM PA IGLESIANAN ALIANSA EVANGÉLIKA

KAPÍTULO 1

FUNDESHI DI IGLESIANAN ALIANSA EVANGÉLIKA 1813-1931

David Livingstone
1813-1873

J.Hudson Taylor
1831-1905

Fredrick Franson
1852-1908

Thomas J.Bach
1881-1963

David Livingstone tabata un mishonero habrí pa Afrika, miéntras ku *Hudson Taylor* tabata identifiká ku e pueblo di China, pa gana nan pa Kristu.

Fredrick Franson tabata yu di un migrante pa Merka i el a kombertí bira un evangelista respetá i a respondé na e yamada di Dios.
Impaktá pa bida di mishoneronan deboto, el a determiná pa alkansá mundu henter segun Marko 16:15. I nan a kere ku esei ta posibel.
I komishoná komo un mishonero for di iglesia di D.L. Moody na Chicago, Fredrick Franson a bai pa sirbi Señor na Europa.

El a biaha rònt mundu pa asina e por haña vishon mishonero mirando kondishon di hende.
El a mira e kondishon di e iglesianan di Scandinavia, Dinamarka i Suisa.
El a prepará 100 mishonero pa China i a forma 6 agensia mishonero ku ta eksistí ainda i TEAM ta un di nan. El a bishitá Venezuela i sur América pa despues regresá Merka.

Prinsipio di e obra

Soberania di Dios den migrashon di hende: Fredrick Franson

Hopi sueko i hende di paisnan Scandinavia a bai biba na Merka. Asina Fredrick Franson (17-6-1852 te 2-8-1908), su mayornan i ruman muhé Hanna a yega Merka i a biba na Nebraska. Franson a bira elokuente den idioma aleman, latin, norwego, ingles, i franses; inkluyendo sueko.
Despues di a rekuperá di malaria, Franson a lesa i a studia Beibel loke a konvens'é di su nesesidat di

salbashon. I na 1872 na edat di 20 aña el a aseptá Kristu i a batisá.

Franson a tuma tres aña di estudio na un Instituto Bíbliko. El a kuminsá prediká komo pastor asistente na un gira evangelístiko. Despues Franson a bai Chicago i a bira parti di e Iglesia ku D.L. Moody tabata pastoriá, pa asina opservá téknika ku D. L. Moody tabata usa den su trabou evangelístiko.

Na 1875 el a kuminsá su mes obra evangelístiko entre imigrantenan sueko na Minnesota. Hañando hopi éksito, el a plania un biahe pa Europa na aña 1879. Otro ministerio a eksigí su atenshon, asina el a laga su trabou ku suekonan.

Dia 20 di yanüari 1881 'Iglesia Evangélika Liber' a orden'é komo pastor na 'Phelps Center Free Church', djis promé ku el a bai Europa.

Ta na su lugá pa agregá un parti masha importante den bida di Fredrick Franson durante su mishon na Europa. Den un biografia di Fredrick Franson ta skirbí: "Ehèmpel personal di J. Hudson Taylor, pionero i fundadó di 'China Inland Mission' trahando na China a hasi un gran impreshon riba Fredrick Franson. Taylor su testimonio i su pashon pa Hesus, tambe su eksperensianan di milager di Dios."

Na Alemania predikando na aña 1889, el a tende ku Hudson Taylor a hasi un yamada pa 1000 mishonero pa China. Inmediatamente el a tuma esaki komo un karga pa orashon, i pronto e tabata konvensí ku e lo ke prepará 100 mishonero.

El a informá Hudson Taylor di su desishon, i ku

konvikshon el a adaptá su kurso di Beibel komo instrumento pa prepará hende.

Yegando New York for di Europa dia 7 di sèptèmber 1890, Franson a kuminsá traha duru pa alkansá su meta. Dia 16 di sèptèmber di e mesun aña el a anunsiá su promé kurso ofisial na 'Pilgrim Church di Brooklyn', New York. Dia 14 di òktober a apuntá 50 hóben, di kua 16 a graduá, komo kandidato pa bai China. Esaki ta deskribí e palabra 'Aliansa' den e nòmber di nos iglesianan; *'Scandinavian Alliance Mission'* -SAM - i *'China Inland Mission'* i otro mishon aliá pa manda mishonero na China.

Soberania di Dios den Fundashon di Mishon

Ken por a soña ku e sueko lo a ehekutá su soño asina rápido? Dia 14 di òktober a marka e fecha pa fundashon di: *'The Scandinavian Alliance Mission' (SAM)* loke nos konosé komo *'The Evangelical Alliance Mission (TEAM)'* huntu ku vários otro organisashon. Notabel ta ku Fredrick Franson a risibí un erensia personal den e temporada ei, pero el a entregá tur e plaka pa manda e 100 mishoneronan ku el a primintí di manda pa 'China Inland Mission'. SAM/TEAM ta e mishon ku a bira internashonal ku mishonero na hopi parti di mundu: China, Africa, Europa, India, Pakistan, Arabia, Sentro i Sur America etc; na un total di 40 pais.

Soberania di Dios den
skohementu di Pais i hende pa hiba Evangelio

Kon a yega na e 40 paisnan ei i entre nan, e islanan hulandes?
Fredrick Franson a biaha ròntu mundu pa mira e kondishon di e nashonnan i pueblonan. El a bishitá Libanon, Egipto, Afrika Oriental te Sur Afrika. El a tuma un barku for di Cape Town i a bai Argentina, pa despues krusa ekuator bai Panama i na 1902 el a yega Maracaibo, Venezuela.
Fredrick Franson a muri 2 di ougùstùs 1908, na Idaho Springs, Colorado, unda el a bai pa un sosiegu meresí. El a muri na edat di 56 aña. Nan a der'é na Estina, pa despues mov'é pa Chicago den 'Franson Memorial Building'. Su lema tabata: 'Padilanti te na mi subida'. Na Ingles: 'Forward until upward'.

Tabatin dos hóben klave den mishon pa Amérika Latino. Thomas Johan Bach i John Christensen. T. J. Bach, a nase 2 di mei 1881 na Copenhagen Dinamarka i komo hóben tabata masha zeloso i determiná pa bira ingeniero metalúrgiko. Despues di basta eksperensia den área metalúrgiko, na edat di 17 aña, el a bandoná su mayornan pa bai studia na Copenhagen. Resultado tabata cu T. J. Bach no a finalisá su èksamen ku éksito i a pèrdè trabou. Desapuntá el a imigrá pa Merka na aña 1889 pa buska trabou. Kiko a pasa realmente?

Un dia despues di trabou na Copenhagen komo hóben inkomberso, T. J. tabata kana keiru mata tempu riba kaya. Un hende a dun'é un traktado konteniendo e plan di salbashon. Bach a kibr'é bisando: "Pakiko boso ta molestiá hende ku ko'i kèns?" Pero e palabra salbashon, loke su mama tabata usa kuné na kas, a kuminsá persiguí su pensamentunan. El a pidi Dios pordon i a bai den su kamber, plak e traktado bèk i a les'é ku atenshon. Promé ku el a kaba di les'é, el a kai na rudia i a pidi Dios pa pordon'é i salb'é. Esaki a kambia Bach su bida di tal forma ku pa un par di siman despues, henter dia e tabata papia i kanta di salbashon. Su hefe a kansa di dje i a kit'é for di trabou. (Tuma for di Send the Light: TEAM mision and The Evangelical Mission 1890-1975 pag. 79)

Historia motivante

Na 1901, Thomas Johan Bach tabata traha den un 'Machine Shop' na Racine, Wisconsin. Mèrdia durante su ora di sosiegu, el a mira un frase riba un pida korant ku tabata bisa: *"Lo bo no ke bai Sur Amérika pa hiba Evangelio di Kristu?"* E palabranan ei tabata zona den su kabes sin stòp. Despues di un siman e tabata hasi orashon bisando Hesus: 'Manda mi Sur Amérika!' Na 1904 T. J. Bach a kaba su estudio na seminario, i dia promé di yanüari 1905 el a sali bai bishitá Venezuela pa dos luna. E no a mira ningun señal di Evangelio ni di aktividat mishonero parti wèst di Venezuela.

Dia 17 di April 1906 Thomas Johan Bach i John Christensen ku nan famia a yega Maracaibo Venezuela bou di SAM / TEAM. T. J. Bach a skirbi: *"Nos a haña hopi oposishon i persekushon na kuminsamentu, pero Dios tabata ku nos."*

Segun e añanan a pasa, T.J. Bach a bira Direktor General di TEAM i a ehekutá e funshon pa 18 aña. Nan tabata yam'é *General chikitu*, pasobra e tabata Direktor General i di estatura kòrtiku.

Kalamidat

Ora J. Hudson Taylor tabata na kaminda pa China, bientu a kai i e barku tabata drif bai Indonesia unda nan ta kome hende. Nan a mira kandela sendí i e kanibalnan baliando pa warda karni fresku yega.

Orashon

Hudson huntu ku un otro kreyente a hasi orashon i Dios a manda bientu pa nabegá e barku te ku nan a yega China.

Resultado

Esaki a enkurashá Fredrick Franson pa prepará mishonero i lanta un agensia mishonero. (TEAM 1890)

Sr. i sra. Thomas Johan Bach, huntu ku sr. i sra. John Chistensen a *drenta Venezuela* komo mishonero, i for di Maracaibo nan a bai den diferente direkshon. I Dios a guia nan pa sali bin Kòrsou, Aruba i Boneiru.
Di Dos Guera Mundial tambe a forsa un mishonero bini Aruba na lugá di bai India.
Ki un gran Dios nos ta sirbi. Dios ta obra den kalamidat i ta duna bon resultado.

Na E tur onor i gloria!

Asina ta ku e mashinest 'frakasá' akí, a bira e promé mishonero pa konkistá Venezuela kuminsando na aña 1906.

Hunto ku su esposa, Anna, i John Christensen i su esposa Anna, nan a yega Maracaibo. Djei nan a yega Kòrsou, Aruba i Boneiru!

Pues e resultado presioso i e manera poderoso ku Señor a guia e hóben akí su bida tabata:

IGLESIANAN ALIANSA EVANGÉLIKA NA:
KÒRSOU, ARUBA I BONEIRU!

Franson-Risberg Memorial Building 1930
Edifisio SAM ku despues a bira TEAM na Merka.
E tabata kas pa e mishoneronan

Algun mishoneronan di TEAM.
E kantidat a sigui oumentá i a surpasá 2000.

KAPÍTULO 2

SOBERANIA DI DIOS DEN ALKANSE DI KÒRSOU, ARUBA I BONEIRU: 1906 PA 1931

Durante e añanan akí SAM a plama bai Colombia i otro pais Latino Amerika, mas paden di e kontinente. Pero ora ku mishoneronan tabata bai Venezuela, nan tabata pasa Aruba i Kòrsou pa regla papel di barku. Na momento ku e mishonero mester a renobá visa òf pèrmit, i tambe pa asistensia médiko mas avansá, nan tabata sali di e pais bai Kòrsou òf Aruba te ora nan papel legal keda kla. Durante nan estadia na e islanan nan a studia e pueblo i a detektá un pueblo di kultura mesklá; di trasfondo hulandes, indjan i afrikano. 85% tabata Katóliko Romano, i Iglesia Protestant tabata sirbi hulandes blanku i no tabata pèrmití pa kasa hende di koló ni na gobièrnu ni na misa. Iglesia Katóliko si tabata kasa hende di pueblo na misa. P'esei mayoria di e pueblo a bira Katóliko pa medio di boutismo i kasamentu (85%).

E mishoneronan a mira e pueblo di Kòrsou i Aruba den un enorme skuridat religioso, bou di un ignoransia inmenso. Nan tabata parti traktado, prediká riba kaya i a sera amistat ku hende di diferente religion riba e islanan. Dia 21 di mart 1931 e mishoneronan a yama un reunion na Kòrsou pa konsiderá e echo pa stablesé un obra na Kòrsou. A reuní e dia ei: G.A. Holmberg, C. G. Johnson, E. O. Paulson, i T. J. Bach huntu ku nan esposa. Resultado tabata ku a apuntá G.A. Holmberg i señora pa dirigí e trabou na Aruba te ora su visa pa Venezuela keda kla, i pareha Elmer Paulson pa sirbi na Kòrsou.

Bista general di mishoneronan ku a traha na e islanan 1936 pa 1970

Lista di mishoneronan ku a traha na e islanan di Aruba, Boneiru i Kòrsou.
Nan trabounan tabata konsistí di entre otro: siña papia papiamentu, bishitamentu di e hendenan den bario, kuminsá ku estudio di Beibel na kas, start ku klas di mucha i skol di djadumingu, tradusí e bukinan di Beibel na papiamentu, tradusí traktado na papiamentu, konstruí edifisio pa e iglesianan, kuminsá e obra di Radio Victoria na Aruba, kuminsá ku e obra di Libreria Evangélika i Editorial Evangélika na Kòrsou, produsí material na papiamentu pa skolnan di djadumingu, i organisá kampaña di tènt.

Diferente di nan a sufri hopi persikushon pa motibu di Kristu, pero nan a bin ku un Meta Nobel esta: evangelisá i gana hende pa Kristu, i nan a kumpli ku esei.

Aña	Nòmber	Isla	Tarea	Logro
1931	Elmer i sra. Paulson	Kòrsou	Planta Iglesia	Otrabanda i henter Kòrsou
1931	G. A. i sra. Holmberg	Aruba	Planta Iglesia	Kontakto Protestant Funda Iglesia di Oranjestad
1936	George and Edith Barville	Kòrsou	Planta Iglesia	Evangelisá, pastoriá Iglesia na Breedestraat 135. Buki di himno
1940	Richard Hekstedt	Kòrsou	Planta Iglesia	Evangelismo Musikal den tènt i a sembra pa funda Palu Blanku
1947	Robert i Marge McClain	Aruba	Planta Iglesia	Aruba, Bonaire, Kòrsou Bishitá e isla kompleto
1943	Paul i Charlotte Sheetz	Kòrsou –Aruba	Planta Iglesia	Oranjestad

1949	Srta. Betty Ratzlaff	Aruba Boneiru	Planta Iglesia	Oranjestad, San Nicolas, Radio Victoria, C.J.Washington
1950	Srta. Lillian Mikkelson	Aruba	Planta Iglesia	Tur Isla. Hóben. Tradukshon di Beibel
1952	Edgar i Ruth Martens	Aruba	Konstrukshon di Iglesia i predikadó	Iglesia San Nicolas Konstruí iglesia Nort Saliña Boneiru
1955	Richard i Betty Cowser	Kòrsou	Planta Iglesia	Saliña, Montana, Palu Blanku, 'Westpunt'
1951	Vondal i Bobby Martin	Kòrsou	Planta Iglesia	Saliña na Papiamentu
1951 1952	Earl i Ruby Ressler	Aruba Bonaire	Siña papiamentu. Planta Iglesia	Boneiru: Nrt. Saliña, Rincon i Nikiboko Bon Nobo Aruba
1956 pa 1992	Wilbur i Grace Chapman	Kòrsou	Planta Iglesia	Imprimí Literatura Traha na Libreria
1959	Srta. Corinne Drury	Kòrsou	Libreria	Buki, hóben i disipulado, Klup Saforma
1959	Srta. Betty Weiser	Kòrsou	Libreria	Buki, damas i disipulado

1961	Bruce i Julie Bromley	Kòrsou	Planta Iglesia	Edifisio na Montaña Kongregashon, disiplina
1970	Manley i Brenda Lane	Kòrsou	Planta Iglesia	Desaroyá Palu Blanku
1973	Srta. Albertha Morris	Kòrsou	Planta Iglesia	Damas

Gobièrnu di Antias Hulandes a laga
traha stampia enkonekshon ku 50 aña di TEAM na Antias.

'Radio Victoria' na Aruba. TEAM a funda un Radio
Emisora kristian na Aruba 1958

Pastor Eusebio Petrona na Radio Victoria kuminsando na aña 1989.
Ku su programanan: Bida den Bèrdat, Norma i Balor i Awa Bibu.

Edifisio i parkeo na Radio Victoria.

Mishonero Ed Martens riba kaft di e revista di TEAM.
Un tema tratá tabata: Mitar siglo di hospitalidat na Antias Hulandes.

Seshon 2

HISTORIA DI E OBRA DI ALIANSA EVANGÉLIKA NA KÒRSOU

CURACAO

KAPÍTULO 3

HISTORIA KONDENSÁ DI E OBRA DI ALIANSA EVANGÉLIKA NA KÒRSOU

Historia kon Dios a guia mishoneronan na Kòrsou, pa kuminsá e iglesianan Aliansa Evangélika ta data for di aña 1931. Dia 21 di mart 1931, T.J. Bach, direktor di Scandinavian Alliance Mission a reuní ku un grupo di mishonero na Kòrsou pa orashon i buska guiansa di Dios. Despues di esei e pareha Holmberg a bai Aruba. Despues Paulson a bini Kòrsou i a traha na Dein i Otrobanda, den Breedestraat 135, ariba na kas di sr. Salvador Barrientos i famia.

Breedestraat 135 Otrobanda.
Kas di sr. Salvador Barrientos kaminda sirbishinan a kuminsá.

Dia 21 di sèptèmber 1952, *e iglesia na Grebbelinieweg* na Saliña a habri su porta pa públiko pa promé bes. Na e mesun tempu ei a lanta un difikultat ku sr. Cliff Lee, kende no tabata kere den boutismo. TEAM a yama sr. Cliff bèk i el a bai Merka, pero pronto el a bolbe Antias pa establesé Iglesia Bíblika na Suffisant. No muchu despues sr. Lee a aserká e mishoneronan di TEAM i a pidi pordon pasobra el a realisá ku e no tabata korekto. Nan a pordon'é i a koperá kuné.

Iglesia di Montaña a kuminsá den un kas ku yudansa di Pastor Cowser bou di ken sra. Jane Albertus a kombertí na Saliña. Ku yudansa di srta. Lillian Mikkelson, Westmore Audian (Shell worker) i Salvador Barrientos i famia. Ora ku Bruce Bromley a bin for di Aruba pa traha na Kòrsou, el a organisá un skol di Beibel na mei di 1965, despues a sigui un kampaña di tènt na

Kas di Seter na Montaña. Inmediatamente durante di e kampaña a koba e fundeshi di e iglesia. A kuminsá reuní den e edifisio ei na fin di sèptèmber ku vários adulto i hóben ku a kombertí durante di kampaña, i rumannan di bario ku tabata asistí na Saliña.

Mishonero Brom Cowser a kuminsá ku Iglesia di Palu Blanku den kas di famia Samson. Despues a konstruí un edifisio di klenku na 1966, i a laga esaki mitar kla pa motibu ku famia Cowser mester a bai ku ferlòf. Esaki tabata un tempu intensivo pa mishoneronan bishitá diferente iglesia ku ta sosténe nan finansieramente, kompartiendo e trabounan ku nan a hasi i pa lanta fondo pa e siguiente periodo.

Na aña 1970 sr. Manley Lane a bini determiná pa e iglesia reuní den su propio edifisio i a finalisá e trabou.

Iglesia di Barber su orígen ta desde 1970 ku trabou di bishitamentu di mishonero Robert McClain. Ora su tempu di ferlòf a yega, el a deseá ku e hendenan ku a aseptá Kristu lo por a bini huntu na un sitio. Mas o ménos na yüli di 1970 sr. Eusebio Petrona a haña un karta a través di Radio Victoria di un tal Vera Damatius, hasiendo hopi pregunta. A bishitá e señora akí i nos a deskubrí e promé kreyente ku ta konfesá su fe abiertamente na Banda Abou.

KAPÍTULO 4

HISTORIA DI IGLESIA ALIANSA EVANGÉLIKA 'EMMANUEL' NA SALIÑA ABOU

 Iglesia Aliansa Evangélika Emmanuel
Grebbelinieweg 92, Saliña Abou, Willemstad Curaçao

Historia i Fundashon di e iglesia (1906)

Vèrs Lema: Kolosensenan 1:28-29
"I nos ta proklam'E, spièrtando tur hende i siñando tur hende ku tur sabiduria, pa nos presentá tur hende perfekto den Kristu. I pa e propósito aki tambe mi ta traha, luchando segun Su poder ku ta obra poderosamente den mi."

Durante aña 1906 pa 1930, e mishoneronan di TEAM tabata bini Antias ku barku pa sigui biaha bai Venezuela òf nan tabata pasa vakashon aki. Nan tabata bini Kòrsou tambe pa kuido médiko i pa regla nan papelnan ofisial. Nan a mira ku e pueblo di Kòrsou tabata bou di e dominio katóliko i a haña un karga pa salbashon di e hendenan, pero pa falta di sufisiente trahadó esei no tabata posibel.

Dia 31 di mart 1931 T.J. Bach, direktor di Scandinavian Alliance Mission, a reuní ku un grupo di mishonero na Kòrsou pa orashon i buska guiansa. Esaki tabatin komo resultado ku e pareha mishonero Holmberg a bai Aruba i mishoneronan sr. i sra. Elmer O. Paulson a bini Kòrsou i a traha na Dein i na Otrobanda.

Komienso di sirbishinan

A tene e promé sirbishi di Iglesia Evangélika dia 15 di mart 1931 den Otrobanda, Breedestraat 135 ariba, na kas di Salvador Barrientos ku kuater hende presente.
Dia 22 di mart: 8 hende presente.
Dia 29 di mart: 17 hende presente.

E kantidat máksimo ku nos a yega di tin na Breedestraat 135 tabata 125.

Famia Barrientos. E iglesia a kuminsá reuní den nan kas.

Sr. & Sra. Barrientos

Tabatin 'Zondagsschool' mainta i sirbishi anochi. Na Pietermaai tabatin 'Zondagsschool' so. Pafó di stat tabatin sirbishi den kas òf pafó den kurá na Rio Canario, Kwartier, Dein, Monte Carmelo, Surinaamse Kamp, Valentijn, Scharloo, Maridol, Dòmi i Normandie. Dia 16 di aprel 1933, a kambia e sirbishi anochi na Otrobanda di ingles pa spañó i mainta a keda ingles. Klas di 'follow-up' o disipulado a kuminsá dia 21 di mart 1933 na kunuku.

Dia 8 di novèmber 1933: promé sirbishi na *papiamentu* na kunuku.

Dia 28 di novèmber 1933: promé sirbishi na *papiamentu* na Breedestraat 135, na Otrobanda.

Dia 3 di yüli 1934: dos boutismo a tuma lugá.

Dia 4 di òktober 1934: promé sirbishi na aire liber ku pèrmit di gobièrnu.

Dia 8 di mei 1936: famia Elmer O. Paulson a bai for di Kòrsou ku memorianan presioso. Den e diario di Elmer tabatin yen di alabansa i gradisimentu na Dios pa e echo ku El a us'é na un manera ineksplikabel.

Despues di famia Paulson, pareha Barville a bini Kòrsou resien kasá, na unda nan a traha te ku aña 1948. Nan a traha ku tur tres grupo di abla ingles, spañó i papiamentu simultaniamente. Sr. Barville a prediká na ingles i papiamentu i su señora a tradusí na spañó. Nan a tradusí hopi literatura i kantikanan i a trata pa desaroyá e trabou na Dein.

Famia Ekstedt a bini komo mishonero na aña 1938

Na aña 1938 famia Ekstedt a bini Kòrsou debí ku su señora tabatin un brasa afektá kousá pa un aksidente i e tabatin mester di atenshon médiko. Asina nan a yega pa djòin famia Barville.

Pa e tempu ei nan a deskubrí un problema: *no tabatin hopi yu di Kòrsou asistíendo na e sirbishinan i e spañónan i e inglesnan ku tabatin tabata bai nan tera kada bes.* Pues, a disidí di konsentrá mas riba e poblashon ku ta papia papiamentu.

Na aña 1943 Paul Sheetz a bini Kòrsou, unda el a keda te ku 1945 ora ku el a haña yamada pa bai traha na Aruba. Algun ruman protestant ku a kombèrtí serka sr. Holmberg na aña 1931 den nan iglesia, a pidi nan bini.

Aña 1948 ta marka fin di e ministerio di famia Barville, pa motibu di malesa di kurason di George Barville. Salida di famia Barville a habri lugá pa famia McClain, ku a yega Aruba na aña 1947. Debí na e echo ku na Kòrsou no tabatin mishonero pa nuebe luna, sr. Robert McClain mester a bini Kòrsou un bes pa luna riba djadumingu atardi. El a invertí su oranan den vários sirbishi i klas di Beibel, biahando ku bùs òf na pia. Tambe e tabata paga hür, awa i lus di e edifisio na Breedestraat 135. Djamars mainta e tabata bai bèk Aruba.

Sr. Vondal Martin huntu ku su señora i nan yu. Nan a yega Kòrsou na aña 1950.

Na sèptèmber di aña 1950, a manda famia Vondal L. Martin, ku tabata na Aruba desde 1949, Kòrsou pa traha ku famia Ekstedt na Breedestraat 135.

Pa e tempu ei e lugá di reunion a bira muchu chikitu, tabatin inkonbeniensia ku subimentu di trapi i no tabatin tereno ei banda pa traha un iglesia.

Na Saliña unda famia Ekstedt tabata biba, nan a hasi uso di nan kas pa klasnan i pa tene sirbishi. Nan talento musikal a atraé henter e bario.

Na aña 1951 famia Ekstedt mester a bandoná e isla pa motibu di enfermedat di su esposa. Esaki a habri e vishon di V.L. Martin pa buska un tereno na Saliña. Ku asistensia di sr. Cliff Lee a konstruí e iglesia na Saliña. Tambe un hóben kontratista ku yama Mr. Harris a bini for di Merka pa hasi e trabou di konstrukshon. Famia Ford i vários otro a duna asistensia.

Konstrukshon di Iglesia na Saliña Abou

Konstrukshon di e edifisio na Saliña Abou.

Konstrukshon ta kla pa pone dak.

Trahando riba e Toren di edifisio.

Iglesia Evangélika na Saliña Abou su konstrukshon a kuminsá na yüni 1952 i a inougur'é dia 21 di sèptèmber 1952, 3.00pm.

Algun luna promé ku e edifisio a finalisá, srta. Lillian Mikkelson a yega Kòrsou pa traha ku e iglesia.

Srta. Lillian Mikkelson a yega na 1952 pa yuda na iglesia.

Na e mesun tempu ei a lanta un difikultat ku sr. Cliff Lee, e no tabata kere den boutismo. P'esei TEAM a despach'é pa Merka, ma el a bolbe Antias pa stablesé Iglesia Bíblika. Sr. Lee a aserká e mishoneronan di TEAM i a pidi pordon. El a realisá ku e no tabata korekto. Nan a pordon'é i a koperá kuné i despues di hopi aña ainda Iglesia Bíblika ta sigui marcha padilanti eksitósamente!

Tabata masha notabel ku durante e mesun periodo ei tabatin kantidat di hende ingles i solamente tres yu di Kòrsou den e membresia.
Pa kontentu ku e mishoneronan tabata ku kada alma presioso sin distinshon di rasa òf idioma, sin embargo tabata un karga pa mira míles di hende di abla papiamentu neglishá den nan mes pais.

Evangelísmo di Mucha i Método di Tènt ta duna Fruta

Konvoi pa transportá hende trese Iglesia.

Na 1953, sr. V.L. Martin a trese un konvoi hel grandi pa transportá hende trese iglesia i famia Ekstedt a kuminsá ku sirbishi di tènt. Aña 1953 pa 1955 ta marka e periodo ku por konsiderá e wesu di lomba di e trabou na Saliña i asta e rais di e liderazgo presente. Famianan Martin, King, Audain i De Riggs, srta. Lillian Mikkelson tabata bishitá i tene klas den tur bario posibel na Kòrsou. Esaki a produsí studiantenan di abla papiamentu pa 'Zondagsschool'. For di 'Zondagsschool', hubentut a nase i for di hubentut nos lídernan klave a sali. E método di tènt i evangelismo di mucha, a konsentrá mas riba produsí e frutanan deseá.

Na aña 1955, famia Cowser a djòin e bataya i na aña 1956 famia Chapman a sigui.

Sr. Wilbur i sra. Grace Chapman i famia

Sr. Brom i sra. Betty Cowser

Orashon di e rumannan tabata ku Dios lo habri kurason di e yunan di tera pa Evangelio, pa nan por ta salbá. Ma ken por a pensa ku Dios lo a kontestá e orashon ei asina lihé i na un manera straño asina?

Na aña 1956, Newport i Shell a manda kasi tur ingles bèk nan tera, entre nan tabatin hopi kreyente di Saliña. Esaki tabata kontesta di orashon, pasobra e yu di tera no tabata sinti su mes atraí na Iglesia di inglesnan. Pa nan e tabata misa di 'bedji'. Pero ora ku nan a mira ku tin hende di abla papiamentu den Iglesia, nan a kuminsá mustra interes.

Na aña 1957 e trabou na Fuik a kuminsá, resultando den e Iglesia di Montaña 'Dios ta Amor'. Sr. Hipolito i sra. Gloria Zievinger a asistí e iglesia efektivamente durante nan aña di práktika na 1960. Fakansi Beibel Skol (Vacation Bible School òf V.B.S) a haña un ánimo nobo ku e tema: ‹E Oloshi di Dios›.

Na aña 1961, srta. Betty Weiser i Corinne Drury a bini Kòrsou for di Boneiru pa kuminsá e Libreria na Pietermaai. Tambe famia Bruce Bromley a bini pa traha na Fuik.

Promé Pastornan na Iglesia di Saliña

Na aña 1963 e promé antianonan eksitoso na Skol di Beibel, *Polito i Gloria Zievinger di Aruba*, ta yega ku nan diploma kla pa traha. Den e mesun aña ei, a ordená *sr. P. Zievinger* komo pastor na Saliña. A forma e promé board di iglesia huntu ku sr. Cowser. Tambe hubentut ta krese den kantidat te na mas o ménos *45* hóben semanalmente.

Dia 2 di febrüari 1970, famia Zievinger ta haña un traslado pa Aruba i *sr. Eusebio Petrona* ta remplas'é komo pastor.

KAPÍTULO 5

E IGLESIA DI SALIÑA DEN AÑANAN '70 - '90

Segun Cecil Alberto, for di aña 1972, e liderazgo di iglesia di Saliña tabata semper organisá.

Pastor Eusebio Petrona i esposa Esther (qepd), huntu ku srta. Lillian Mikkelson

E tempu ei sr. Eusebio Petrona tabata Pastor i e ansianonan tabata sr. Mano King, sr. Mani Jansen, sr. José Jansen i sr. Antonio Michel. Sr. Ronnie Hunte tabata tesorero di iglesia, pero e no tabata Ansiano.

Den e tempu ei tabatin Damas Dorcas, Hubentut,

Hubentut Adulto, Klup Saforma i Skol di Djadumingu. Kada un di e departamentonan ei tabata mas o ménos riba nan mes, pues nan no tabata guiá pa liderazgo di iglesia. Nan tabata hopi independiente. Sr. Petrona tabata tira bista tantu ku e tabata por. Asta un tempu e mes tabata hopi ligá ku Hubentut.

Tabata mira Evangelisashon komo algu ku Pastor mester a hasi. Semper tabatin un ministerio di evangelisashon kaminda rumannan tabata partisipá si, pero meskos ku awendia, no komo un ministerio kaminda mayoria hende di iglesia tabata tuma parti na dje.

Proyekto Pro Edifisio:

E edifisio di iglesia tabata pará ei meskos ku nan a trah'é na aña 1952, te ora ku Pastor Polito (1967-1968) a bini un proyekto ku tabata yama: Pro Edifisio i pa e proyekto akí Shell a regalá Iglesia 1000 florin komo donashon. Pero ningun suma no a bini aserka i no tabatin un método pa lanta fondo p'é!

Despues durante añanan '70 a bin konstruí e Pro Edifisio ku provishon di Dios, den fase i pa medio di fe sin debe! E plan Pro Edifisio tabata kompletá bou enkargo di ruman Antonio Michel!

Tur aña Iglesia Aliansa Evangélika Emmanuel (IAEE) tin Reunion General pa miembro di e Asosashon i no-miembro ku ta asistí na iglesia regularmente, na unda Pastor ta duna un relato di aña, e ta presentá relato finansiero i relato di komishon di kaha, ta aprobá presupuesto pa e siguiente aña, ta nombra miembronan di direktiva / ansianonan i ta trata pregunta di miembro relashoná ku maneho di iglesia. For di añanan 70 tur aña delegashon di rumannan IAEE ta tuma parti na Retiro di Lidernan, Konferensia di Komunion i Reunion di Delegadonan di islanan ABC. Na aña 1972 tabatin tres aktividat mainta: sirbishi na Ingles 9or-10or; 10or-11or Skol di Djadumingu i di 11or pa 12or sirbishi na Papiamentu. Despues pa evitá ku e separashon lo afektá e iglesia sirbishi di djadumingu mainta tabata bilingwe, kanta simultániamente na ingles i papiamentu. Tabata tradusí di papiamentu pa ingles pasobra tabatin basta hende di abla ingles ku tabata asistí na iglesia. Poko poko e tradukshon na ingles a stòp i papiamentu so a keda te awe. E motibu tabata ku hopi di esnan di abla ingles ku tabata traha na kompanianan merikano òf ku kontratistanan a repatriá. Esnan ku a keda tabata e damanan ku tabata hasi trabou doméstiko i algun ku tabata biba aki permanentemente i tabata komprendé papiamentu.

Pastor Petrona den e temporada akí tabata kompletamente enkargá ku e ministerio na Barber tambe.

Na aña 1979, e liderazgo di iglesia a kambia i a tabata konsistí di: Pastor: sr. E. Petrona

Ansianonan: sr. Mani Jansen, sr. A. Michel, sr. C. Alberto i sr. Silvio van Langeveld. Sr. Mani Jansen a fayesé e mes aña ei.

Na aña 1980, Fundashon Palabra di Bida a kuminsá guia Hubentut i despues Hubentut Adulto.

A restrukturá Skol di Djadumingu i a organis'é bou guia di sr. Boanerges Barriento. Poko poko a re-organisá henter e iglesia ora a inkorporá hòmbernan madurá spiritualmente. Departamentonan a kuminsá haña direkshon mas direkto di liderazgo di iglesia. A bini un struktura i por a sigui tur departamento di aserka.

Mishon i Evangelismo

Na aña 1980 a stòp ku e plan di Pro Edifisio pa kuminsá ku e ministerio di sosténé mishoneronan i organisashonnan mishonero konosí komo 'MISHON', pa obedesé Dios den E Gran Komishon: "Bai den Henter Mundu!" Evangelismo a kuminsá bira mas dirigí i tabata guiá pa sr. Henkie Varlack i Pastor Eusebio Petrona ku dos kampaña pa aña i tur djamars nan tabata bishitá den bario rondó di Saliña, te Scharloo i Pietermaai. Spesialmente 'Mishon' a krese masha hopi.

Iglesia di Saliña na aña 1993

KAPÍTULO 6

HISTORIA DI MISHON DI SALIÑA 1970 TE KU AWOR

Eusebio Petrona ta relatá:

"Desde aña 1969 na Mandeville Jamaica tabatin un dosente ku yama Ken Harold, maestro di mishon na 'Jamaica Bible School and College', kende tabata mishonero na Haiti pa mas ku 20 aña, unda el a haña hopi eksperensia. P'esei den su lèsnan semper e tabata relashoná asuntunan históriko di mishon na kosnan ku a pasa na Haiti, Martinique, Cuba i otro lugá den Karibe. El a pone masha énfasis riba ekspreshon di mishoneronan famoso i kon nan moto a influenshá su bida. Esun ku a impaktá mi bida tabata esun di *'Count Von Zinzendorf'* kende a bisa: *"Mi tin un pashon i esei ta*

Kristu i Kristu so!"
Despues di mi promé aña na Skol di Beibel e idea di mishon, sosten pa mishon tabata kontinuamente den mi kurason. Asina mi pensamentu mishonero a forma ku un konsepto ku un Iglesia ku no ta enbolbí den mishon no ta hasi loke Dios a lag'é den mundu pa hasi.

Kuminsando pastorado na aña 1970 na Saliña, mi no tabatin un bon konsepto di pastorado. Di mishon si mi tabata konvensí kon e mester ta i kiko e mester a bira. "Nos mester introdusí mishon na un manera ku e no ta spanta hende komo iglesia chikitu."
Di manera ku nos a bin di akuerdo na aña 1971 pa kuminsá sostené mishon ku fl.100,- E shen florin a bai tur luna pa Roy i Gwen Blijden na Trinidad. Esaki a sigui pa vários aña.

Banda di aña 1976 Iglesia di Saliña a kuminsá traha riba e pida edifisio parti pariba. Durante e tempu di 1977-1978 ku e murayanan di Pro-Edifisio pará mitar kla, nos tabata demasiado konsentrá riba nos mes so. Tur kos i tur sèn tabata pa edifisio, miéntras ku mundu ta muri den pèrdishon. Na un manera simpel, sin resistensia i inspirá pa 2 Korintionan 8, miembronan di Iglesia Aliansa Evangélika 'Emmanuel' a disidí pa konfia Dios pa sostené Mishon ku Promesa di Fe.

Vários luna di instrukshon a kuminsá te na nos promé Konferensia di Mishon ku e meta di fl.250,- pa luna. Algu mas ku esaki a drenta pa mishon komo promesa. E aña siguiente si mi ta kòrda bon: e suma a bira fl.650,- komo promesa di fe. Asina kada aña e promesa a sigui subi. Maravioso tabata ku na fin di aña 1984 fondo general tabata fl.20.000,- pa aña i a subi bai te fl.42.000,- pa aña. Manera ku Mishon a kuminsá, tur kos den Iglesia a prosperá! A finalisá Pro-Edifisio, Palabra di Bida i Klup Saforma a progresá ku sosten di Iglesia. A ekspandé e ouditorio sentral pa haña mas espasio debí ku sirbishinan tabata yena ku hende, spesialmente riba Dia di Bishitante.

Dios a onra fe i sakrifisio mishonero di rumannan pa bendishoná Iglesia di Saliña.
"E sorto di kreensia ku ta keda kere, kere kontinuamente keriendo!"
Esaki ta e fe ku Dios a bendishoná na Saliña."

Pastor Eusebio Petrona ta e persona ku a kuminsá ku e obra pa sostené mishonero na Saliña. Iglesia aktualmente na aña 2022 tin 40 aña ta sostené Obra Mishonero den 12 pais. Ku un presupuesto di fondo solamente pa Mishon di fl.131.355,33 pa aña. Durante di añanan iglesia a sostené vários otro mishonero ku despues no a sigui mas.

Kantikanan lema pa konferensia di Mishon

Na aña 1992 pastor Eusebio Petrona i su esposa Esther a aserká Yvette Barriento pa tradusí un kantika pa e Konferensia di Mishon pa e aña ei. Tabata un kantika ku mishonera Bobby Martin a kompositá hopi aña pasá. Bobby tabata esposa di e promé pastor di iglesia na Saliña. E kantika tabata yama *'Lo Bo No Bai?'*

For di e promé kantika ei, tur aña Yvette a sigui tradusí òf kompositá kantika lema pa e Konferensianan di Mishon na Iglesia di Saliña. Su kasá Boanerges i nan yu hòmber Gideon – ambos músikonan den iglesia – tabata yuda areglá, koregí i añadí na e kantikanan. Mas o ménos un luna promé ku e Konferensia nan ta haña e tema i porshon di Skritura pa e aña i trabou ta start. Buska melodia, skucha hopi kantika, lesa tokante di Mishon, hasi orashon, haña inspirashon i…. tur aña Dios ta regalá iglesia un kantika lema nobo.

Títulonan di kantika di Mishon usá durante di añanan

1993 Konta nan dje krus	1994 Señor, sende e kandela pa Mishon	1995 E yamada di Dios	1996 Fruta di nos fe	1997 Fe ku akshon pa Mishon	1998 Tur esnan ku ta yamá
1999 Ata mi akí	2000 E Palabra di Dios no ta prezu. (20 aña Mishon)	2001 E porta ta habrí	2002 Ban plama Evangelio	2003 E Rei ta bin	2004 Sembradó
2005 Hopi bon fiel sirbidó (25 aña Mishon)	2006 Nos ke mira Kristu Hesus halsá	2007 Bisa tur hende	2008 Ainda e kosecha ta grandi	2009 Papia Señor	2010 Plama e holó dushi (30 aña Mishon)
2011 Skuch'é Rei ku ta yama	2012 Un mundu yen di Dios Su gloria	2013 Bin i yuda nos	2014 Un hende pa para den e kibrá	2015 Traha Bo reino, Dios (35 aña Mishon)	2016 Mundu mester di Dios
2017 Send'é kandela, laga mundu sa	2018 Kambia bo mente	2019 Bai den Nòmbr'i Dios	2020 No keda ketu mas	2021 Pèrseverá (40 aña Mishon)	

Mishoneronan ku Iglesia ta sostené

Argentina	Aruba	Bèlgika	Boneiru
-Jessy & Clara Baloriano -Allen Nieves	-Eusebio & Isidra Petrona -Carlos & Ruth Perdomo -Edsel & Jerseline Granviel	Cecilio (Chio) & Ingrid Maria	Ludwig & Maria Maria
Kòrsou	Mèksiko	Ghana	Papua New Guinea
-Rogelio & Aidette Sambo -Caroline van Romondt -Klup Atleta Olímpiko Saliña -Klup Palabra di Bida Saliña -Shaun & Shareline Siland -The link -Azar Ministry	Martin & Araceli Vargas	John & Marilyn Asmah	Moses & Brenda Temo
Repúblika Dominikana	Perú	St. Thomas	USA
-Kenneth & Valerie Balootje -Errol & Igraima Zimmerman	Juan & Eva Barriento Sharine Brigitha	Roy & Gwen Blijden	-Randolph & Noralyne Mercelita -Ruben (Tico) & Ana Hooi -Gedeon & Surailly Granviel -Luigi & Natasha Mathilda

'Short Term Mission'

'Short Term Mission'
01-10-2015 - 11-10-2015
República Dominicana.
Ku partisipashon di 30 Ruman

'Short Term Mission'
Argentina
07-10-2017 - 11-10-2017
Ku partisipashon di 13 Ruman

'Short Term Mission' Ghana
04-10-2019 - 22-10-2019
Ku partisipashon di 10 Ruman.

Na aña 1986 pastor E. Petrona a haña un yamada pa traha na Aruba. Den e tempu ei tabatin tres Ansiano: sr. A. Michel, sr. C. Alberto i sr. B. Barriento. Tur tres tabata traha sekularmente i despues di ora di trabou nan a traha pa iglesia: predikando, siñando i kuidando e tou.

Danki Dios tabatin hòmbernan i muhénan kapas i dispuesto pa yuda den e trabou. Esaki a fasilitá e Ansianonan enormemente pa por a desplegá e obra di kuido i konsehamentu.

Un programa di siñansa pa henter aña tabata trahá. A kuminsá tene rèkort di asistensia di tur sirbishi. Plan pa kuminsá un obra nobo na 'Cabo Verde' a duna fruta.

Klup Saforma i Klup Palabra di Bida

Pa stimulá e muchanan for di chikitu pa konosé Dios, lidernan manera Iris Bradshaw i srta. Corinne Drury tabata organisá diferente programa pa muchanan i nan tabata dediká hopi tempu na esaki.

Por menshoná ku for di den aña 1970 tabata organisá kampamentu. E promé kampamentu tabata bou di liderato di Iris Bradshaw, Eunice i Ruth Barriento na Westpunt. Despues a sigui ku lidernan manera Roland Pieternelle, Iris Bradshaw, srta. Corinne Drury, Boanerges Barriento, ku a duna un gran aporte na e diferente kampamentunan.

Den e periodo akí e desaroyo i interes grandi den kampamentunan a kuminsá krese; klupnan di Hubentut i Hóben Adulto a kuminsá krese.

Den e periodo akí klup *Palabra di Bida* tabata hopi aktivo i a kuminsá traha ku Hubentut i Hóben Adulto. Iglesianan por a nota un desaroyo positivo i e influensia tabata notabel.

Den añanan 1984/1985, Hubentut i Hóben Adulto tabatin un interes kresiente pa asistí na e diferente kampamentunan ku Iglesia tabata organisá.

E echo ku *'Fundashon Palabra di Bida'*, dirigí pa rumannan Calvin i Silvia Varlack, a kuminsá ku un 'Skol di Beibel' den e lokalidatnan di Albert Schweitzer School ku a dura 3 aña, tabatin un bon influensia riba tur e Iglesianan Aliansa Evangélika na Kòrsou.

Banda di Skol di Beibel, Fundashon Palabra di Bida a amplia nan ministerio ku klupnan di Hóben Adulto, Hubentut i Atleta Olímpiko, unda tabata instruí e kreyente den e Palabra di Dios i tabata forma nan komo lider.

Fundashon Palabra di Bida tabata enfatisá formashon di lider, memorisá versíkulo i tabata pone hopi énfasis riba deboshon personal di e kreyente, e tempu ketu ku Dios.

Fundashon Palabra di Bida tabata trese diferente programa di evangelismo; tabatin deporte pa hóben, hóben adulto, diferente show di talento, diferente wega, i regularmente tabata organisá wegatòn; i tur e aktividatnan akí ku e meta pa evangelisá esnan invitá.

Kampamentu

Mester menshoná tambe ku tabatin diferente kampamentu entre otro na Sint Jan school na Barber, instituto San Fernando, Hòfi Brakkeput i na landhuis Pannekoek.

Preparashon maestro di Skol di Djadumingu 1986

Mirando e nesesidat pa sigui duna instrukshon bíbliko na e hóben adultonan i pa fortifiká e kreyente den su fe, ta organisá kurso pa maestro di Skol di Djadumingu pa asina yena e nesesidat ku tabatin pa mas maestro. Esaki a hasi posibel ku por a manda diferente ruman pa yuda na e obra na Stenen Koraal.

Evangelismo den bario

Iglesia mes tabata sali den barionan di Kòrsou riba djamars anochi i djasabra atardi.
Nos por bisa ku evangelismo a tuma lugá den barionan manera Kustbatterij, Muizenberg, Koraal Specht, Muizenberg Nobo i Seru Papaya.
Den tur esaki iglesia a dal stapnan grandi i a forma lider; hopi hende a bin konosé Kristu dor ku iglesia a drenta barionan.
Den e periodo akí tambe iglesia a organisá kampaña den diferente bario.
Tabata organisá 'Youth Outreach' pa krea mas interes serka e Hubentut i Hóben Adulto pa evangelismo den bario.
Resultado di "Outreach" tabata ku a organisá diferente kampaña evangelístiko den barionan di Kòrsou, p.e. Steenrijk, Koraal Specht, Kustbatterij, Seru Papaya, Muizenberg Nobo, Cher Asile, Steenmijn.

KAPÍTULO 7

PERIODO 1990 – 2010.

Cecil Alberto Pastor tempu kompleto

Na aña 1989 'sr. Cecil. Alberto' a bira *Pastor* pa tempu kompleto di e iglesia i huntu ku sr. Boanerges Barriento nan tabatin e liderato. Na aña 1990 iglesia a haña tres Ansiano aserka den personanan di: sr. Henkie Varlack, sr. Robert Carolina i sr. Ronald Tyrol. Na aña 1989 a kambia e konstitushon di iglesia. Dos te tres bes pa aña ta batisá kreyentenan. Iglesia a kuminsá un klup

Pastor Cecil Alberto i esposa Syldra.

di mucha guiá pa ruman Gladys Hato ku tabatin hopi akohida; mester menshoná tambe ku diferente mucha por a partisipá na Fakansi Beibel Skol ku a organisá na Maduro School Kurá Piedra i a introdusí hopi mucha na e Palabra di Dios.

Klup di mucha tabata kresiendo i teniendo kuenta ku ya kaba iglesia tabata evangelisando den otro barionan den besindario, a organisá un kampaña evangelístiko riba plenchi banda di Maduro School.

Despues di e obra na Kurá Piedra, rumannan di iglesia a sigui ku e obra den bario di Kanga i einan por a hasi uso di lokalidat di e Sentro di Bario pa tene sirbishi.

Iglesia Aliansa Evangélika 'Lus Divino' ta nase

Plan pa kuminsá un obra nobo na 'Cabo Verde' a duna fruta.

Den añanan 90 IAEE a kuminsá ku evangelismo den áreanan di Muizenberg, Kurá Piedra, Cabo Bèrdè i bisindario. IAEE despues di evangelisá i tene kampañanan, a kuminsá ku un esfuerso pa lanta un obra den e área akí. A manda algun rumannan, e.o. famianan Ronald Tyrol, Sidney Paulina, Oswin Paulina, Robert Carolina, Rignald Casilio, Sherwin Inesia, Richenel Provacia, Ivan Rosalia, René Hato, Nildo Martis i Erwin Casilio pa traha den e obra akí. Despues e rumannan a kuminsá ku sirbishinan den kurá di 'Maduroschool' na Kurá Piedra. Despues a muda ku e sirbishinan den Sentro di Bario 'Kangarus" den Kanga. Na yanüari di aña 2006 e obra a bira un iglesia independiente

"Iglesia Aliansa Evangélika 'Lus Divino' . E iglesia tabata bou di guia di dos Ansiano 'Robert Carolina i Ruben Hart', ku e iglesia mama a instalá na apertura di e Iglesia. E iglesia tabata reuní fielmente.

Susesonan ku gran influensiá riba e Iglesia

Añanan 90. Den e añanan akí tres evento a tuma lugá ku tabatin gran influensia riba iglesia IAEE.

E promé tabata tempu nos a manda algun famia pa kuminsá e obra nobo na Maduro school na Kurá Piedra. Alrededor di 10 famia a bai e tempu ei for di Iglesia. Asistensia na sirbishi a bira ménos i a tuma algun aña pa nos a rekobrá e asistensia di ántes, ku kreyentenan nobo.

Den aña 1997 nos a haña nos ku un kaso di un pèrsona ku tabata aflihí pa demoñonan. Nos a traha pa hopi lunanan intensivamente kuné. Esaki na inisio a trese miedu den e rumannan, pero Dios a us'e pa trese un revivamentu den iglesia e tempu ei.

Den aña 1998 atrobe nos tabatin un èksodo for di iglesia. Tempu tabata difísil, pasobra trabou tabata skars. Vários famia a mira Hulanda komo e lugá pa bai establesé nan mes. Huntu ku esei tabatin vários hóben ku a bai studia na Hulanda nèt den e aña ei. Atrobe alrededor di 30 persona a bai for di iglesia. Di mes esaki tabatin influensia riba entrada di iglesia, riba trahadónan den ministerio i riba sosten pa e obra mishonero. Pero atrobe despues di algun aña e kantidat a bolbe krese bèk.

IAEE ta plania su programa di aña ku: Siman di Orashon, Dia di Gradisimentu, Sena di Pasku, Boutismo, Sirbishi ku Presentashon, Sirbishi di fin di Aña, Plan pa siguiente Aña, Anochi di Alabansa, etc.

Na desèmber 2008 direktiva di 'IGLESIA ALIANSA EVANGÉLIKA EMMANUEL' tabata konsistí di:
Pastor: Cecil Alberto
Ansianonan: Selso Kwidama, Sidney Paulina, Nel Provacia i Hubert Rafaela.

VISHON I.A.E.E
Un Iglesia sano i pa tur hende, balansá, inspirá, hospitalario, kaluroso, ku perkurashon di un pa otro, ku tin partisipashon aktivo i real di tur ruman siendo parti di e Kurpa.

MISHON I.A.E.E
Siña e Palabra di Dios den su puresa pa asina alkansá hende pa medio di evangelio i disipulá, batisá i ekipá nan, ku e mira pa nan partisipá aktivamente den komunion, alabansa i adorashon i pa nan ministrá na otronan.

Plan 2000 di Iglesia Aliansa Evangélika 'Emmanuel'

1 Korintionan 12:12-22 ta ilustrá e importansia di kada man i kurason den e obra di Señor. Basá riba esaki tambe e konvikshon t'ei ku nos tur lo karga e iglesia di Kristu ku nos aporte balioso. Pa loke ta e diferente gruponan di trabou, tin e siguiente rekesitonan. Pa kada grupo di trabou tin e profil pa e trabou en kestion. Pues e kualidatnan ku ta deseabel pa e grupo di trabou ei. Banda di esei tabatin tambe un deskripshon di tarea básiko di e grupo. Esakinan huntu ku e meta pa e grupo di trabou ta duna un bista basta kla di e trabou. Ta bon pa remarká ku na e profil tin kada bes indiká: "Un kreyente ku ta kana ku Señor". Esei ta enserá e siguiente puntonan: - Un bida di deboshon konstante - Un bida di orashon - Fiel na sirbishi.

Diferente grupo di trabou

Atministrashon finansiero	Atministrashon di datonan personal	Tekmentu	Notisiero
Kordinashon di tur estudio di Beibel	Kordinashon di mishon	Infrastruktura di iglesia	Promové membresia
Óptimo	Plan pa ministerio	Grabashon i benta di kasèt ku mensahe	Kordinashon di evangelismo
Kordinashon di disipulado	Plan di alkanse	Dia di bishitante	Adorashon i alabansa
Plan integral pa orashon	Plan di famia		

Den e kuadro di repartishon di tarea di direktiva/ansianonan di IAEE, a nombra i a apuntá e siguiente rumannan:

Cecil Alberto   - Presidente / Ansiano / Pastor
Hubert Rafaela   - Vice Presidente / Ansiano
Selso Kwidama   - Sekretario / Ansiano
Sidney Paulina   - Tesorero / Ansiano
Ronald Gosepa   - Komisario / Ansiano

Direktiva a delegá outoridat finansiero te na un sierto montante na un komishon enkargá ku atministrashon finansiero.

A surgi un disputa relashoná ku un ministerio di alabansa por funshoná komo base pa evangelisashon. Direktiva no por a bai di akuerdo ku e forma ku e dos rumannan akí ker a entamá, guia i dirigí e proseso. E rumannan en kuestion a sigui nan mes kaminda.

Ministerio di Kuido tabata hopi okupá ku bishitá rumannan den nesesidat i esnan ku tabata sufri kebrante di salú i dunamentu di yudansa sosial, e.o. drecha kas, pakete di komestibel, etc.

A traha komishon pa revisá Statuto i Reglamentu doméstiko.

A lanta komishon pa traha riba Pólisa di Alabansa i Adorashon.

SPLENDOR, Órgano di informashon di IAEE

Meta di SPLENDOR tabata pa duna informashon na tur ruman tokante loke tabata pasa den vários ministerio i tambe otro asuntu ku tabata importante.

E artíkulonan den SPLENDOR tabata hopi variá i tabata kubri e siguiente áreanan:
Desaroyo spiritual, Komunion, Formashon, Informashon i Distraishon.

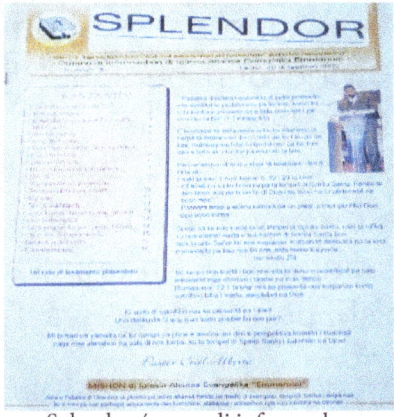
Splendor órgano di informashon

Redakshon: *Selso Kwidama, Guno Panka, Glenda Varlack, Eunice Pieternelle, Kimberly Alberto*. SPLENDOR tabata sali kada seis siman, un ehemplar pa famia. SPLENDOR a sali di mart/aprel 2004 te mei 2005.

Vários aktividat karakterístika di un Iglesia

Klup di Hóben Adulto Aktivo pa Señor. A enkargá HAAS (Hóben Adulto Aktivo pa Señor) ku 'Dia di Kuido' organisá riba Dia di Bandera.

Iglesia ta strukturá e ministerio di Praise Team: ta tene vários retiro relashoná ku alabansa i adorashon den iglesia i forma pa alabá. Esaki a kontribuí na mas konosementu di alabansa i adorashon den Iglesia.

Huntu ku esaki IAEE ta finalisá un Pólisa di Adorashon, ku Ekipo di Zonido renobá, e.o. 'keyboard i speaker' etc. Na e mesun tempu Iglesia a organisá formashon riba evangelismo i treinen di lídernan.

Iglesia a apuntá mas Ansiano i Diákono na iglesia di Saliña i tambe na iglesia Lus Divino den persona di rumannan Robert Carolina i Ruben Hart.

I ruman Ruth Barriento a bai Perú komo mishonero. Den aña 2002, Iglesia Aliansa Evangélika Emmanuel a selebrá 50 aña di su promé sirbishi den 'Prinses Beach Hotel'.

Lema Mishon 2006: 'E Testigu su Mishon i su Mensahe' ku Pastor Totoram Baran.

Dia di Bishitante tabatin 30 bishitante i 10 bishitante a indiká ku nan a aseptá Kristu.

I na aña 2007 Iglesia Aliansa Evangélika Emmanuel a selebrá su di 55 aña di e promé sirbishi di IAEE na Saliña Abou.

Tabatin tambe diferente treinen e.o. pa Guiadó di Sirbishi, maneho di ministerio di 'Makutu Yen', loke ta relashoná ku dunamentu di ofrenda di amor na Biudanan di Iglesia den nesesidat.

Inisiativa pa Klas di Skol di Djadumingu pa rumannan ku ta papia spañó, asina a agregá otro ministerio ku despues di añanan trinta pa kuarenta a dispersé. Despues ku klupnan a para pa algun aña, IAEE ta duna re-apertura di klupnan bou di maneho di direktiva/ansianonan IAEE.

Kampaña Evangelístiko den bario di Kanga, Retiro di Matrimonio, Re-enfatisashon di Pólisa di IAEE enkuanto Rekasamentu pa duna bon direkshon den kasonan asina. Introdukshon di 'Risk Group Hurricane i Emergency Operation Group Emmanuel' (EOGE); a strukturá limpiesa di iglesia tumando un ruman den servisio; Diákononan ta introdusí Plan di Mantenshon di Iglesia. Grupo di Orashon Getsemané ta instituí. Tambe a tene workshòp pa introdusí wèpsait.

Fraternidat Aliansa: IAEE ta sostené renobashon di dak di iglesia Palu Blanku finansieramente.

Direktiva ta entamá proseso pa konstrukshon òf rekonstrukshon di edifisio. Análisis a determiná ku rekonstrukshon ta e mihó opshon i a instalá Komishon Infrastruktura pa traha riba Proyekto Rekonstrukshon di iglesia.

IAEE a tuma parti den kampaña evangelístiko na Brionplein ku otro iglesianan evangéliko di Kòrsou. Kampaña a kosta vários mil florin. Tabatin basta bishitante.

Invershon den liderato nobo: Direktiva a delegá ruman Hubert Rafaela pa tuma parti na konferensia di Moody Bible Institute na Chicago.

Algun paso importante: Direktiva/Ansianonan ta kuminsá ku seshonnan tokante di Identidat di IAEE. Tambe a introdusí un kuríkulo segun 'Scripture Press' pa Skol di Djadumingu.

Liderato a traha pólisa di dansa/bailamentu i a introdusí Plan di Akshon pa aña 2010. Durante e último 10 añanan pastor tabata enkargá ku hopi seshon di 'counseling'.

Komposishon di Iglesia

1. <u>Kantidat di miembro</u>: ± 105

2. <u>Asistensia</u>:

a. Djadumingu mainta: 221
b. Djadumingu anochi: 150
c. Djaweps anochi: 100

3. <u>Kongregashon</u>;

a. Hende hòmber: 42,99% - Hende muhé : 57,01%
b. Hóben adulto: 31,67% - Hubentut: 9,05%
c. Hende grandi: 30,77% - Mucha: 28,51%

4. <u>Ministerionan</u>:

- Skol di Djadumingu: (± 200 studiante/15 klas/32 maestro)
- Hubentut Palabra di Bida Saliña, 28 hóben/ 6 lider.
- Hubentut Adulto Palabra di Bida Saliña, 25 H.A. / 5 lider.
- 4 Klup di Mucha Atleta Olímpiko, 91 mucha / 16 lider.
- Programa di Mishon
- Damas Dorcas, 30 damas / 4 lider.
- Hòmbernan Óptimo, 25 hòmber / 2 lider.
- Diferente komishonnan: di muzík, di limpiesa i trabou, di krèsh, pa Dia di Bishitante.
- Koro Emmanuel (di hende grandi)
- Koro Hóbennan di Saliña Abou.
  Nota: 2x pa aña gruponan di kuido ta reuní huntu pa komunion.

KAPÍTULO 8

PERIODO 2011 – 2022

Nos por konsiderá e añanan akí komo e temporada di masha hopi desaroyo den tempu di hopi difikultat. Ata un lista di logronan importante.

Pa motibu di su importansia IAEE a introdusí host i hostes pa amplia e trabou di ùshernan na porta.

Rumannan Edsel i Jessy Granviel a bini Kòrsou pa duna un tayer riba seksualidat na Klup di Hubentut.

Direktiva/ansianonan a prepará proposishon pa un fiansa supstansial na banko pa aprobashon den Reunion General pa rekonstrukshon di iglesia. Esaki a rekerí tambe ku rumannan mester a partisipá a base di fe pa paga e debe akí.

A instalá miembronan di komishon infrastruktura i tabata konsistí di: Denrick Frans, Dennis Barbij, Walfried Martina, Ronald Tyrol, Natasha Joubert, Zaira Barriento i Michael Ricardo komo lider.

Atministrashon finansiero ta enkargá pa atministrá e Fondo di Fiansa pa rekonstrukshon di iglesia.

'Crosscheck Ministry'. Esaki tabata un ministerio di algun ruman di iglesia pa yuda den aktividatnan evangelístiko na radio, den bario, VBS, kampamentunan i aktividatnan na kas di grandinan.

A introdusí 'Website' di IAEE pa iglesia por haña tur informashon di IAEE di forma digital.

Direktiva ta aseptá Reglamentu Doméstiko reformulá. Proyekto Sta. Helena pa Fakansi Beibel Skol tabata un éksito.

Mishonero Martin Vargas ta bishitá Kòrsou den yanüari 2012.

Durante 2012 Direktiva/ansianonan ta aprobá proseso pa yega na un ko- pastor.

Rekonstrukshon di iglesia

Esaki a tuma lugá den aña 2012 pa 2013. Direktiva/Ansianonan a bai di akuerdo ku durante rekonstrukshon di iglesia, sirbishi di djadumingu mainta lo bai ta na

'Because Entertainment Center' na Gosieweg. Atardi lo ta na Palu Blanku. Orashon djaweps anochi lo ta na El Bethel. Klupnan lo reuní na Koraal Specht, na kas di rumannan i na Caracas Baai. Ministerionan mes lo chèk lugá apropiá i Römerschool tabata un opshon.

A aprobá Plan di Maneho IAEE 2012 – 2015, Plan Infrastruktura di Rekonstrukshon, fórmula di sosten pa paga e fiansa pa rekonstrukshon tabata benta di kas na Sta.Catharina.

Oferta pa rekonstrukshon di iglesia ta aprobá. E rekonstrukshon a eksigí un suma supstansial, esaki ta sin konta un otro montante kuantioso pa elèktra, i tambe un montante konsiderabel pa drecha dak di Pro Edifisio i ta bini aserka un otro montante enorme pa instalá èrko. Por konsiderá ku esaki tabata un di e invershonnan di mas grandi ku IAEE a yega di hasi durante su 90 aña di historia.

Pero mester bisa ku por mira bèk riba un edifisio kaminda rumannan por reuní na un manera agradabel pa tene komunion, pa alabá i glorifiká Dios.

Henter e proseso pa rekonstruí iglesia no tabata un tarea fásil. Rumannan tabatin hopi pregunta relashoná ku fiansa i e Proyekto a sali poko mas karu ku a antisipá. Direktiva huntu ku komishon di infrastruktura mester a reuní hopi bes pa por a yega na desishonnan.

Al fin al kabo a opta pa bai ku un oferta di un ruman kreyente, Mario Rifaela, pa rekonstrukshon di iglesia. Diákononan huntu ku rumannan mester a hasi hopi trabou pa hasi iglesia bashí i pa pone tur kos seif den Pro-Edifisio pa rekonstrukshon por a kuminsá.

Dia 11 di aprel 2012 direktiva a duna 'lus bèrdè' na ruman Mario Rifaela pa kuminsá ku rekonstrukshon di Iglesia, ku a kuminsá dia 16 di aprel 2012.

Durante rekonstrukshon di e edifisio, e programa di aña di iglesia a kontinuá normalmente. Nos a tuma nota di un bahada na asistensia.

Dia 26 di mei 2013 ku gran goso Iglesia ta bolbe reuní pa sirbishi awor den edifisio renobá. Promé minister di Pais Kòrsou sr. Daniel Hodge, kende a lanta den e Iglesia aki, a hiba palabra.

Un bista di ariba   Iglesia paden despues di konstrukshon

Akshon di mobilisashon i restourashon spiritual di Iglesia. Esei tabata dia 1 di yüni 2013. E plan ta enserá konsentrashon di ministerionan pa reaktivá Iglesia, despues di tabata ousente pa un periodo di dos aña for di edifisio di IAEE.

Esaki konsentrando riba siñansa, evangelisashon, mishon, sirbishi, orashon, kuido, klup i media.

E plan a drenta na vigor dia 1 di ougùstùs 2013, konsentrando e aktividatnan riba e ocho ministerionan menshoná, pa mobilisá henter iglesia na un restourashon spiritual durante sinku luna.

Na aña 2013 *'IAE Lus Divino'* a tèrminá su aktividat na *Kanga* i a stòp di eksistí. E rumannan ku tabata deseá, a bin kongregá na Saliña, pues tabatin re-integrashon di iglesia 'Lus Divino' i Iglesia.

I durante di 2013 'Word of Life International' a bini pa papia di programa pa klup di mucha i pa hubentut. I tambe a organisá e aña ei, kurso di evangelismo pa henter iglesia.

Tabatin boutismo, kuminsámento di ministerio radial 'The Link, konektá ku e bèrdat', bou di enkargo di hóbennan Adulto.

Mobilisashon di Gruponan di Edifikashon, ministerio di Seguridat di Parkeo, Gruponan 'RAIS', pa hòmbernan di iglesia: 'Man in the mirror' ku e lema: 'No man left behind!'

Iglesia: Plan di Maneho 2016 – 2020.

A kambio Dia di Orashon di djaweps pa djárason, pa sinkronisá ku e otro iglesianan Aliansa na Kòrsou. I a apuntá Ansiano i Diákono; Konsilio di Komunion di Iglesianan IAE di islanan ABC; Introdukshon dí 'ministerio AZAR' ku e meta pa yuda mishoneronan di Iglesia. Rekomendashon di Hubert Rafaela pa bai yuda den área pastoral na iglesia 'Dios ta Amor' na Montaña. Kenneth Balootje ta bini Kòrsou pa traha ku e grupo di Hóbennan Adulto ku a komprometé nan mes pa obra mishonero durante konferensia di Komunion. Hubert Rafaela: konsepto di Konferensia 'Mi Kampo di Bataya' i "Biba Fuerte i Terminá Fuerte".

Loke ta importante pa Iglesia den historia tabata: Kon trata ku hóben rebelde i manipulativo pa no pèrdè nan. Hóben ta e baranka pa futuro.

A konstatá ku vários ruman den Kristu, lider di hubentut ku un tempu a kana ku nos ta kambiando nan dòktrina; nan pará: rekasá, biba den piká, bandoná matrimonio i bai for di iglesia. Iglesia a determiná pa hasi hopi orashon i duna follow-up.

Ruman Sharine Brigitha a presentá su plan mishonero pa bai Peru na desèmber 2018.

11 – 13 di òktober 2018: trata kiko ta bai hasi ku iglesia 'El Bethel', kancha di deporte i parkeo, preparashon pa ansiano por batisá ruman /kasa hende/ guia entiero

i sirbi Sena di Señor, i postulashon di un ko-pastor. Komishon "ko-pastor", konsistiendo di rumannan Boanerges Barriento, Richenel Provacia, Sidney Paulina i Ronald Tyrol a skirbi un 'paper' riba e tema aki titulá: "Proposishon pa nombramentu di un Ko-Pastor na Iglesia". Komentario "Ekspektativa i tempu pa Ko-Pastor 2019'. Kandidato tabata Hubert Rafaela. Vishon di Iglesia, mucha, Hóben i Hóben Adulto.

Fore Runner, Boletin di Iglesia

Fore Runner órgano informativo

Meta di Fore Runner tabata pa duna tur informashon básiko, konsiso i aktual di tur aktividat di tur ministerio. Tambe tema di e mensahenan, ku Pastor lo trese dilanti, ademas informashon general di iglesia. E mester mustra unidat di e esfuersonan pa alkansá vishon di iglesia, krea sentido di un iglesia, un kurpa. FORE RUNNER tabata sali un bes pa luna, e último djadumingu di kada luna; pa asina kada ruman haña informashon di e siguiente luna. E komishon di trabou tabata: Swetlana Kwidama-Lourentz, Samantha Tyrol, Kimberly Maduro-Alberto bou di guia di Ansiano Hubert Rafaela. FORE RUNNER a sali di 26 di yanüari 2014 te 24 di novèmber 2019; pues 69 edishon.

Lema di aña 2020 a bira: "E hende nobo den un dékada nobo", basá riba 2 Korintionan 5:17 i Efesionan 4:23-24.

Kiko tabata mihó ku e lema akí pa 2020?

Ministerio ku tabata mas apropiá pa okupá kreyentenan pa 2020 ku Makutu Yen, tabata pa yuda famianan den nesesidat. Media-team, enkargá ku tur aspekto di 'streaming' i proyekshon tabata strukturá. Ku e lema akí Dios a prepará Iglesia Aliansa Evangélika Emmanuel pa loke 2020 a trese:

Pandemia di Covid-19:

Mester a buska 'sanitizer' i djèl pa laba man; énfasis riba defensa natural pa nos kurpanan bringa e vírùs mihó.
Dia 14 di mart 2020: Reunion General pa konfrontá reto durante pandemia: Ofrendá 'online', òf pasa tuma ofrenda i sèn di mishon na kas, graba e sirbishi. Hasi programa radial: The Link i Raís. Limpia iglesia despues di kada sirbishi. Kanselá klup Atleta Olímpiko i e Klup di Hubentut. Plania kon ta yega serka e rumannan, espesialmente e grandinan. Orashon i tene sirbishi via Zoom-meeting i WhatsApp.
Durante e temporada akí, nos ruman i èks-ansiano Selso Kwidama a bai serka Señor día 4 di yüni di 2020. Dia 9 di yüli 2020 a kuminsá tene sirbishi di mainta di nobo na iglesia. Kada siman mester traha lista di invitashon pa rumannan por asistí na e sirbishi di

djadumingu mainta.

Mas ministerio i desishon: Si 'Show Infantil' mester a bira un Fundashon òf Asosiashon; mester a stòp ku ministerionan radial "The Link" i "Rais". Tambe desishon a kai ku ta bai sigui ku nan a través di Facebook i Youtube!

Boutismo den pandemia: Iglesia a batisá ocho ruman den luna di desèmber.

Lema di aña 2021 'Perseverá i keda ferviente den e normal nobo', basá riba 1 Pedro 4:7-8.

Aña di pandemia Covid-19 a trese pregunta kuné, si tuma vakunashon sí òf nò? Ansianonan mester a tene un retiro pa haña kontesta riba e pregunta akí.

E konklushon tabata:
Pidi Dios Su sabiduria. Konsultá ku bo dòkter i evaluá e pro i kontra. Sa e punto bíbliko ku bo NO ta pèrdè bo salbashon si bo tum'é i e desishon final ta personal. Si bo ta duda pa tum'é of no tum'é; e no ta un lei, e no ta fòrsá riba bo. Tambe no husga esun ku sí ke tum'é. Huntu ku esaki Iglesia a traha plan pa bolbe kongregá manteniendo e reglanan stipulá pa Gobièrnu.

Vários ruman i mishonero a pega ku Covid-19, pero danki Dios tur a rekuperá.

Den luna di òktober 2021, Iglesia a tene su Konferensia di Mishon. Ku hopi orashon *Ed i Luisette Kraal* a duna nos un reto pa mishon i nos predikadó *Rogelio Sambo* a prediká e tema interesante: 'Sè, sua, e gai ta na kaminda; Sè sua, e gai ta bin; Sè sua, e gai a bin i Sè sua, e gai a sali bai.'

Den reunión ku *Dave Kelly i Mark Hall di 'Word of Life International*.' a papia tokante di e nesesidat pa un hende/pareha pa organisá e aktividatnan di Word Of Life aki na Kòrsou, kampamentu i posibilidat pa organisá Konferensianan di Doktrina pa lidernan di tur Iglesia Aliansa.

Na kuminsamentu di aña 2022, Ansianonan a reuní ku tur lider di ministerio i nan komité pa enfatisá e siguiente temanan: "Mishon i Vishon di Iglesia", Lema i Vèrs di Aña.

Lema di aña 2022: 'Krese den grasia i konosementu di Dios', basá riba: *"ma krese den e grasia i konosementu di nos Señor i Salbador Jesu-Cristo. Na E sea e gloria, awor i te na e dia di etèrnidat. Amèn."* 2 Pedro 3:18

Den 2022 IAEE a instalá un komité bou di guia di ruman *Boanerges Barriento* pa skirbi, drecha i finalisá 'Historia di Iglesia Aliansa Evangélika 'Emmanuel' for di su kuminsamentu te ku awor.

Personanan trahando riba e Historia di iglesia

Komité Historia di Iglesia

Kongregashon IAEE

Edifisio IAEE

KAPÍTULO 9

HISTORIA DI IGLESIA ALIANSA EVANGÉLIKA "DIOS TA AMOR" NA MONTAÑA ABOU

Iglesia Montaña Dios Ta Amor

FUNDAMENTU DI E IGLESIA NA AÑA 1957-1965

Segun ku mishoneronan tabata pasa Kòrsou di tránsito pa Venezuela ku barku, nan a mira e pueblo di Kòrsou bou di dominio Katóliko i a haña un karga pa e hendenan su salbashon. Anto dia 21 mart 1931, T.J. Bach, direktor di Scandinavian Alliance Mission a reuní ku un grupo di mishonero na Kòrsou pa orashon i buska guiansa. Asina famia Paulson a bin Kòrsou i a traha na Dein i Otrabanda, den Breedestraat 135 ariba na kas di famia Barrientos.

Komienso di e obra na Banda Riba

Señora Jane Albertus

Na aña 1957 un señora religioso a disidí ku e no ke bai su misa. El a kohe un bùs sin sa unda lo e bai e dia ei, ma a bai den direkshon di Punda. Ora nan a yega Saliña el a pidi e shofùr pa stòp na bòrchi. E mes a bisa ku ta Dios a bis'é pa baha ei na Saliña. El a kuminsá kana bai pabou i yegando na skina di Palais Royal (awendia Wimco) el a mira un edifisio ku un toren i Dios a bis'é pa bai einan. El a bai e dia ei na Iglesia Aliansa Evangélika Emmanuel na Grebbelinieweg. E señora ei ta Jane Albertus.

Despues di predikashi el a bai serka pastor i el a aseptá Kristu komo su Salbador. El a bisa pastor sr. Richard Cowser, ku Dios ke kuminsá un obra den bario di Fuik na su kas. Asina e mes aña sr. Cowser a kuminsá sirbishi den kas di sra. Jane Albertus den bario di Fuik. Tabatin basta hende ku tabata asistí na e sirbishinan.

E forsa di e grupo tabata e laikonan ku tabata, sr. Salvador Barrientos i sr. Westmore Audain. Nan tabata enkargá ku kasi tur e predikamentu den e promé añanan. Tambe nan tabata sali bishitá i buska hende pa sirbishi. Na aña 1958 sr. Wilbur Chapman tambe a bin yuda den e ministerio pero e no a keda hopi tempu einan. Esun ku a hasi hopi pa trese e obra mas manera nos konosé awendia ta sr. Bruce Bromley, kende na aña 1959 a bira Pastor-Mishonero tempu kompleto na Fuik. Tabatin otro mishoneronan tambe ku a yuda, manera srta. Lillian Mikkelson. Pero a surgi un problema debí ku sr. Bromley tabata buska un tereno pa saka e iglesia for di patras den kunuku i stablesé unda mas hende ta pasa i unda tin mas persona habitá. Ma sra. Jane a bisa sr. Bromley ku esei no por bou di ningun sirkumstansia, pasobra Dios a bis'é ku e iglesia lo ta na su kas. Komo ku sr. Bromley no tabata konvensí di esei, el a buska Dios su guiansa pa un lugá adekuá. Un dia koriendo den outo el a mira un tereno nèt na skina riba un haltura na Ka'i Seter, ideal pa un iglesia unda tres kaminda ta topa, ku di tur banda hende lo mir'e. Anto Dios a konvensé sr. Bruce Bromley ku e iglesia lo bin ei.

Establesimentu di e edifisio

Na aña 1963 sr. Bromley a haña e tereno na Montaña, el a limpi'é, pero pa motibu di oposishon no por a bini kla. Asina nan a kuminsá ku klas di Skol di Djadumingu den e bario di Weto. Sin embargo na aña 1964 mapa a keda kla i nan a haña pèrmit pa traha riba e tereno. Miéntras tantu sra. Jane Albertus a aseptá pa stablesé na Ka'i Seter.

Mesora ku ayudo di sr. Halley, un ingeniero di DOW, sr. Bromley a pone un mashin di traha blòki den trabou, usando tera di e tereno mes. Komo ku esei no a funshoná, a bai over pa kumpra blòki. Dia 15 di mei 1964 sr. Bromley a organisá un skol di Beibel pa dos siman.

Personanan ku a asistí na e skol di Beibel.

Tabatin maestronan manera sr. Bruce Bromley mes, sr. Richard Cowser, sr. Earl Ressler i sr. Hipolito Zievinger. Tabatin mas o ménos 15 studiante di Aruba, Boneiru i Kòrsou. Después di kua un kampaña di tènt a sigui na Kas di Seter, aktual iglesia Montaña, ku Aaron Espinoza di Venezuela komo predikadó.

Tènt grandi ku a usa pa e Kampaña.

E studiantenan di Boneiru a keda Kòrsou pa yuda traha huntu ku algun ruman di Kòrsou, pa koba fundeshi di e edifisio nobo na Ka'i Seter na Montaña. Nan tabata traha den dia riba e edifisio i anochi riba e parti spiritual. E trahadónan tabata Dario Sint Jakobo, Stefano Leonisia, Aquiles Janga di Boneiru, Eusebio Petrona, Lucio Dorothea i Stanley Melaan di Kòrsou i algun otro ku a kombertí durante di e proseso, manera Roy Andrea, Chino i Frido. Nan a koba e fundeshi parti pabou pa Skol di Djadumingu i esun pa e edifisio grandi. Den e di dos siman sr. Bromley a haña bishita di un hòmber hulandes kende no a introdusí su mes i a lansa e pregunta: "Ku òrdu di ken bo ta traha e misa akí?" sr. Bromley a kontestá: "Mi ta mishonero i ta traha ku òrdu di Dios. Nos ta guia hende na Kristu i ta traha iglesia pa nan!" E hòmber kende tabata un pastor katóliko a rabia zundra bai bisando: "Ta ún berdadero iglesia tin i no tin mas!" Nunka mas a mir'é.

Riba dia 7 di òktober 1965 a kuminsá reuní den e edifisio. Vários hende grandi i hóben ku a kombertí durante di e kampaña a asistí i tambe rumannan di e bario.

KAPÍTULO 10

DESAROYONAN DURANTE DI AÑANAN 1969-2000

Di Mishoneronan pa Pastornan Lokal Añanan 70

Sr. Bruce Bromley mester a bolbe bèk Merka i sr. Richard Cowser a tuma enkargo.

- Na aña 1969 sr. Robert McClain a tuma e ministerio di Montaña na lugá di sr. Cowser.

- Na aña 1971 sr. Cowser a bolbe tuma e obra na Montaña pa asina sr. McClain bai Aruba.

- Na aña 1974 sr. Carlos van Langeveld a tuma e ministerio di Montaña. *Carlos tabata e promé pastor lokal na iglesia di Montaña*. Carlos a keda ei pa kasi dos aña ku hopi prueba ma a siña masha hopi.

- Na aña 1975 sr.Cowser a bolbe Montaña. Durante e tempu akí rumannan Cornes Martina i Domingo Margaritha tabata e lidernan ku a yuda sr. Cowser ku e obra na Montaña.

- Dia *1 yüli 1977* sr.Clavis White tabata yamá pa guia e obra di Señor na Montaña.

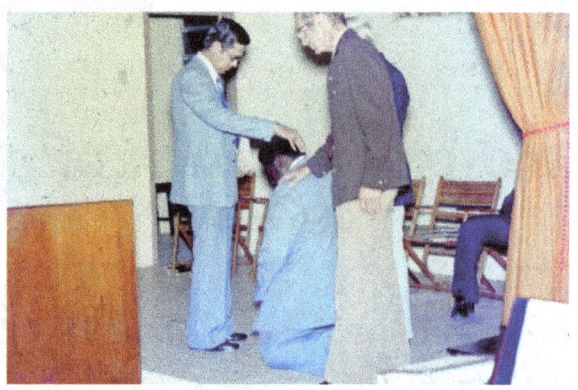

Clavis White dediká komo Pastor na Iglesia di Montaña

Clavis, despues ku el a konosé Kristu komo su Salbador, a bai studia na skol di Beibel na Merka. El a kasa ku Esther Domacasse di Boneiru.

Liderato

Pastor Clavis tabatin un ministerio masha éksitoso na Montaña. Komo hóben multi fasétiko ku tabata organisá su konferensianan sin muchu gasto pa trese hende djafó. E mes tabata eduká e pueblo pa hasi nan mas fuerte pa Dios i den sirbishi na Señor. Na komienso di Clavis su ministerio na Montaña, el a nombra rumannan Herbert Luis i Tiko Muñoz komo ansiano pa asina por a duna un man den e obra, pero despues di un tempu ruman Tiko Muñoz a bai sirbi na Iglesia Lus di Mundu na Palu Blanku.

Deporte medio pa entretené i evangelisá

Un evento ku tabata hopi eksitoso tabata e torneo di sòfbòl ku a kuminsá na febrüari 1979 ku rumannan Herbert i Basilio na kabes. Tabata un evento ku a tuma lugá pa mas ku 30 aña, kaminda hóbennan for di diferente tim di Kòrsou i Boneiru ta bin pa kompetí, pero einan mes skuchando e Evangelio di salbashon. Fuera di sòfbòl, Iglesia di Montaña tabata bon representá den diferente ramo di deporte mas p.e. futbòl, pinpòn, vòlibòl. E diferente ekiponan akí a destaká tremendo, pasobra nos tin un kashi di diferente trofeonan ku nos a konkistá. Deporte tabata un medio hopi efektivo pa trese e Evangelio na inkombersonan i tambe pa entretené nos hóbennan ku algu positivo.

Ministerio di prizòn

Iglesia Dios ta Amor tabatin un ministerio den prizòn pa hopi aña kaminda pastor Clavis tabatin un entrada 24/7 den prizòn, i ei el a traha den bida di diferente prezu. Tabatin un grupo di mas o ménos ochenta prezu entre 18-24 aña. Tabata un dia kaminda nos ruman Clavis a organisá un wega di futbòl ku e grupo grandi aquí bou di guía di dos guardia so. Tabatin un reklamo pisá di gerensia ku si akaso e prezunan lo a rebeldiá, esaki lo tabata un káos total, pero nos bon Dios tabata den kontrol.

Kampañanan evangelístiko

Diferente kampaña evangelístiko a tuma lugá durante e añanan akí p.e. na aire liber den kurá di iglesia; Montaña Abou; Stakamahachiweg patras di santana; Seru Loraweg; kurá di Editorial Evangélika na St Thomas na Weto; tambe na diferente sitio na Brievengat.

Kampaña Evangelístiko den kurá di Iglesia.

Estudio di Beibel den kasnan

Nos tabatin diferente estudio di Beibel den diferente kas p.e. Ronde Klip famia Boy Candelaria, aki a kuminsá e ministerio den e famia Candelaria, Hooi, Dijk, Vavaal, Krolis; Brievengat famia Tromp, famia Dap i otronan.

Fakansi Beibel Skol

VBS (Vacation Bible School) tabata tuma lugá pa hopi aña, kaminda ta reuní muchanan den fakansi pa bin pasa un ratu kontentu i skucha e Palabra di Dios presentá den diferente storia. Esakinan fuera di iglesia a tuma lugá den diferente kas di rumannan, na Fuik, kas di sra. Jane Albertus, Montaña Abou, Montaña, na kas di sra. Lou Bridgewater, Sta.Rosa na kas di Machi Mari i na kas di Nes i Madam Martina.

Cornes (Nes) i Solange (Madam) Martina

Evangelisá kas pa kas

Iglesia Dios ta Amor a parti e Evangelio usando e método di kas pa kas den diferente bario p.e. Montaña Rey, Montaña Abou, Sta.Rosa, Weg Groot St. Joris, Libie, Weto, Kent U Zelf, Abrahams, Brievengat i hopi mas. Tambe tabatin rumannan fiel ku tabata parti traktado i mensahero den nan bario.

Diferente Desaroyo den dékada 80

Klup Palabra Di Bida Hubentut

Klup Palabra di Bida a kuminsá na aña 1980, organisá pa Calvin Varlack. Lidernan pa e klup di iglesia tabata:

Herbert i Idis Luis, Ronny i Myrna Pers i Nilva Juan Pedro. Ronny i Myrna a traha un periodo kòrtiku i Alex Juan Pedro a remplasá nan. Na prinsipio tabata reuní riba djasabra anochi di klup. Despues di un korto tempu a kuminsá reuní riba djabièrnè anochi di 7.30-9.00. Klup a organisá diferente wega 'great' pa alkansá e hóbennan. Parti patras den kurá di Iglesia tabatin vòli. E anochi ei, hopi mirones, mucha hòmbernan riba baiskel tabata para mira. Asina tabata duna nan invitashon pa djòin nos. Tambe tabatin várias wega di kompentensia tantu paden i pafó di edifisio. Herbert, Alex i Nilva tabata buska hóbennan den e bario di Brievengat trese te Montaña. Entre otro Ingemar Tromp, Hensly Dijk, Winston St Jago, Nety, Hubert Jansen, Eritsa. Awendia Ingemar ta pastor na un Iglesia, Winston ta pastoriá na Iglesia Grasia Abundante (IGA).

Tabatin tambe un bon grupo di hóbennan di Weto, Libie, i di e barionan ei banda, manera Sharlon Beaumont (Bob) i su kasá Lisa kendenan tambe ta ministrá na IGA awor. Hensly Dijk tambe ta ministrá na un Iglesia. Iglesia Dios Ta Amor tabata organisá kampamentu pa hubentut.

A organisá masha hopi kampamentu. Tabatin un grupo hopi grandi di hóbennan.

Asina tabata invitá predikadónan speshal.

Na aña 1986 lidernan a bai ku un grupo grandi di hóben Boneiru, i aya nan a keda na APEM. Na 1987 lidernan a sali ku un grupo di hóben pa Venezuela (Maracaibo), un total di 42 persona inkluyendo e lidernan. Tabata un tremendo kampamentu i aya Ingemar Tromp a haña yamada di Señor pa bai skol di Beibel. Dios a obra den bida di Randolph Mercelita kende huntu ku Noralyne su kasá awor ta mishoneronan na Merka. Tiko Hooi tambe ta ministrá na Merka. Cecilio (Chio) i Ingrid Maria ta pastoriá na Bélgika.

Tur e hòmbernan akí a sinta bou di predikashi di pastor Clavis White. Durante pastor Clavis su ministerio a produsí un kantidat masha masha grandi di hóben. Herbert Luis i Nilva Juan Pedro a permanesé komo e lidernan ku tin mas aña di tempu ku Klup Palabra di Bida ku tur e otro lidernan di Iglesia.

Hóben Aktivo Sirbiendo Señor

Den añanan 80 Dios a bendishoná nos iglesia tambe ku un grupo grandi di hóben ku tabata masha aktivo i desidido pa sirbi Dios. Hopi di nan ku a asistí na diferente skolnan di Beibel, ta sirbiendo den diferente país i den diferente iglesia. Pa menshoná algun; Randolph i Noraline Mercelita, Tiko Hooi, Winston i Natty St.Jago, Ingemar Tromp, Sharlon i Lisa Beaumont, Juni i Miriam Mercera, Anthony Candelaria i hopi otro mas ku ta sirbi di un manera òf otro den diferente kongregashon lokal.

Inovashon

Bou di guía di pastor Clavis White iglesia Dios ta Amor a konosé diferente inovashon, p.e. den komienso di añanan 80 nos tabata apartá den hòfi riba dia di Karnaval grandi; 'sunrise service' tabata un sirbishi spesial ku nos tabatin riba dia di Pasku di Resurekshon pa 6or di mainta riba diferente seru p.e.: Ser'i Cocori, seru na Caracasbaai; un bankete después di sirbishi mardugá di Pasku di nasementu; sirbishi di despedida di aña, Grupo di Kuido.

Pastor Clavis White

Sin embargo despues di un temporada di enfermedat ku hopi prueba Pastor Clavis a bai serka Señor. E pèrdida aki tabata un gòlpi hopi pisá pa e iglesia. Pero nos por yama Dios danki un bes mas pa Su fieldat na nos. Pasobra nos bon Dios ku Su man divino a guía nos a traves di esaki. Gloria na Su Nòmber!!

KAPÍTULO 11

DESAROYO DURANTE DI AÑANAN 2000-2016

- Na aña 2004, Ansianonan Herbert Luis, Anthony Krolis, Sherman Juana i Alex Juan-Pedro tabata enkargá ku iglesia. Diákononan tabata Hensley Dijk, Aloisio Pieternella, Francis Rozalina, Farley Felicia i Joel Leito.

Pa mas o ménos seis aña e hòmbernan akí a guía e iglesia, pero tòg ku e deseo pa un pastor pa tempu kompleto.

- Na aña 2010, sr. Anibal Muñoz a bira pastor tempu kompleto na Montaña despues di tabata den eksterior pa algun aña. Despues di algun luna a bin un kambio den e tim di lider. E tim tabata lo siguiente; Ansianonan Tiko

Muñoz i Anthony Krolis; Diákononan: Hensley Dijk i Joel Leito. Tabata reina un inkietut meimei di rumannan enkuanto e maneho di iglesia, i esaki tabatin komo konsekuensia ku algun ruman a bandoná iglesia.

Tabata na febrüari di 2016 ku a kambia e tim den forma di Ansianonan: Tiko Muñoz, Anthony Krolis, Hensley Dijk i Stanley Baromeo. I Diákono: Evandro Pieternella. E iglesia a sigui ku su luchanan i na yüni 2016 pastor Tiko Muñoz a dirigí su mes na e kongregashon ku e no ta kualifiká mas pa e ministerio pa motibu di su infidelidat den su matrimonio. Tabata un desepshon kompleto pa rumannan. Bou di konseho di nos ruman Randolph Mercelita henter e tim di liderazgo mester a tuma retiro pa start un proseso kompletamente di nobo.

Miéntras tantu e iglesia tabata bou di guía di Direktiva di Komunion di Iglesianan pa un temporada di seis luna i despues di e seis lunanan un komité ku a guia e rumannan na progreso spiritual. Nos ta masha agradesido na Dios pa Su grasia i miserikòrdia pa Iglesia di Montaña, i tambe pasobra durante tur e luchanan akí nos bon Dios tabata fiel na nos i Su man bondadoso nunka a apartá di nos. Meimei di tur e difikultatnan akí nos a realisá ku e ministerio di Iglesia Dios Ta Amor ta kumpli su 60 aniversario. Wèl esaki tabata un di e motivashonnan pa e iglesia lanta kabes i sigui pa progreso den nòmber di nos bon Tata Selestial.

KAPÍTULO 12

DESAROYO DURANTE DI AÑANAN 2017-2022

Nos por yama Dios danki i tambe na nos rumannan den Kristu, ku nos por a selebrá iglesia su 60 aniversario. Rumannan tabata hopi motivá i a organisá un tremendo selebrashon. Tabatin diferente bishitante djafó, p.e. Julie, Becky, Mary, John i Jimmy Bromley; David Cowser, Ingrid i Chio Maria; Carlos i Joan van Langeveld, Eusebio Petrona; Randolph i Noraline Mercelita. Tabata un tempu maravioso huntu ku e rumannan akí i Señor sigui bendishoná nan rikamente. Nos ke duna nos bon Dios tur gradisimentu i onor i gloria pa Su obra maravioso durante e sesenta añanan. Den luna di òktober tabata e luna di Mishon. Adulto, Hubentut i muchanan a trese nan presentashon. Den luna di desèmber Iglesia a presentá un komedia di Pasku títulá: Pakiko Pasku. E anochi ei Iglesia tabata yen yen di bishitante, mayoria di e bario mes. Esnan involví den e komedia, adulto, hubentut i muchanan a invitá nan konosínan.

E siguiente aña 2018 Kongregashon a selebrá Pasku di Resurekshon ku un tremendo kantata titulá: Kristu Hesus A Resusitá. E kor di diesshete persona a presentá uniformá. E sirbishi akí tambe tabata bon bishitá ku invitadonan. Pasku e muchanan esta nuebe mucha muhé primaria a duna un tremendo presentashon ku Wayer.

Dia 2 di sèptèmber 2018 a instalá e lidernan, Stanley Baromeo i Alex Juan-Pedro pa fungi komo Ansiano i alabes Vandro Pieternella i Fransisco Doran pa fungi komo Diákono di nos iglesia.

Lider i muchanan di Fakansi Plan.

A organisá Fakansi Plan den luna di òktober ku muchanan entre 4-12 aña. Nos a haña un kantidat grandi di mucha. Tantu hòmbernan i damanan di Iglesia a duna un man pa yuda den tur área. Kada djasabra atardi di 3 or-5 or Klup di Muchanan Pa Kristu, hopi bon bishitá i animá. Pasku, 25 di desèmber, tabatin un presentashon anochi. Pasku mainta un desayuno pa tur presente. Pa añanan semper Iglesia a selebrá desayuno Pasku mainta bunita dòrna den e Edifisio Sosial.

Na fin di aña 2019 drentando 2020 e asuntu di Covid a start. Ku tur e reglanan di gobièrnu, Iglesia tabata limitá pa sigui ku e sirbishinan i programanan. Nos no por a reuní manera mester ta. Aki nos Iglesia no a sigui mas ku sirbishi di djadumingu anochi. Promé ku e asuntu di Covid, e sirbishi di anochi tabata masha poko bishitá. Nos a sigui reuní tur djárason anochi pa orashon. Durante di Covid, nos a siña i hasi uso di forma digital pa komuniká ku rumannan. Danki na Señor ku nos rumannan kasi no tabata afektá pa e virùs.

Iglesia Dios ta Amor di Montaña.

Iglesia Dios ta Amor, ta pará pa retonan nobo despues di e pandemia: mester a reanudá ministerionan. Klup di Damas a kuminsá move, hòmbernan ta bin tur djasabra mainta 6or pa orashon i awor ta den proseso pa start Skol di Djadumingu, iglesia infantil, klup di mucha i hubentut. Nos averahe di edat ta hopi haltu, pero nos ta sigui konfia i dependé riba Dios pa proveé sirbidó pa sirbi den Su sirbishi. Nos a mira Dios a hasié i nos ta sigui konfia ku El lo sigui guia i yuda nos. Loke ku ta nos dilanti tambe den e aña 2022 akí, ta e selebrashon di 65 aña di nos iglesia den luna di yüli i nos no ke laga e fecha pasa bai sin nos para un ratu ketu pa yama Dios masha masha danki pa sesentisinku aña ku El a hasi Su obra maravioso den e iglesia akí.

Ta nos deseo ku Dios sigui ku e obra akí na Montaña te na Kristu Su binida, ku ta pronto. Ku e iglesia lo sigui move den e sinku prinsipionan òf propósitonan di e iglesia ku ta: adorashon, komunion, disipulado, ministerio i mishon. Rumannan ku lo sigui mantené nan bista i fe den Dios i sigui Kristu te final.

> "ma un kos mi ta hasi, lubidando loke ta keda
>
> tras i aspirando na loke ta dilanti."
>
> Filipensenan 3:13b

KAPÍTULO 13

LIBRERIA I EDITORIAL EVANGÉLIKA UN MINISTERIO ÚNIKO

Bukhandel Evangélika i Editorial Evangélika ta un ministerio di e mishoneronan pa kual dos miembro di nos Iglesia a laborá. Nilva Juan Pedro i Marita Petrona. Nan dos tabata for di kuminsamentu di Iglesia na Fuik. Srta Betty Weiser a aserká Nilva pa puntra si e tin deseo pa traha den Libreria.

Srta. Betty Weiser i Nilva Juan Pedro na entrada di Bukhandel Evangélika.

Bukhandel Evangélika

Nilva Juan Pedro ta konta su eksperensia:

"Mi a bis'é ku mi no ta kere ku mi por, pasobra mi tabata un persona poko tímido pa papia." El a bisa mi pa purba pa 3 luna mira kon ta bai. Di tres luna mi a traha 45 aña na e libreria. Nan tabata e añanan di mas bendishoná di mi bida, espesialmente trahando ku mishoneronan. Bukhandel no tabata un negoshi, pa mi e tabata un ministerio. Señor Dios a usa mi pa hasi un impakto den bida di diferente hende. Tur kliente ku drenta mi tabata laga nan sinti na kas i tabata kompartí mi fe den Hesus ku nan. Ora ku kualke kliente bini ku un òf otro problema semper mi tabata tuma tempu pa skucha i konsehá nan ku e Palabra di Dios. Mi tabata lesa hopi buki i studia e Palabra. Dios a bira hopi real den mi bida den e trabou di Bukhandel. Tabata un delisia pa traha ku mishoneronan. Mi a traha ku srta Betty Weiser, Pete Steneker, Grace Chapman. Ku Grace mas tantu. Un tremendo muhé di Dios, ku a impaktá mi bida.

E Libreria a kuminsá na Pietermaai 18 pegá ku laman. Un mèrdia un señora a drenta i nos dos a kòmbersá. E tabata parse poko desesperá. El a konta mi ku e ta traha na 'Stadhuis' den Fòrti i den su ora di pousa el a kana bini Bukhandel pa buska algu. El a papia di su luchanan den bida i mi a mustr'é ku ta Kristu ta e solushon. Mi a splik'é e plan di salbashon i e mes mèrdia ei, el a aseptá Kristu den su bida. Mi a splik'é ku e tin ku bai Iglesia pa e haña mas di e Palabra i a haña sa ku e ta biba na Banda Bou. Asina el a kuminsá bishitá Iglesia na Barber, huntu ku su kasá i su tres yunan hopi chikitu e tempu ei. E famia akí a krese spiritualmente den e Iglesia na Barber i te awe nan ta den e Kaminda. Nan ta Frensel i Ruthline Ignasio."

"Tabatin un otro señora ku a bini den Bukhandel. E tabata papia ku ánimo. El a bini pa buska un Beibel. Mi a papia kuné di Kristu, pero e tabata bisa ku ta Maria ta mama di Kristu, i ku ta Maria hende mester onra. E señora akí tabata masha tèrko i tabata para riba ku ta Maria mester adorá. Mi a mustr'é kiko Beibel ta bisa, e tabata rabia i sali bai rabiá. Otro biaha e ta bini atrobe pa konvensé mi ku mi ta robes. Asina el a sigui pa poko tempu. E tabata skucha Radio Trans Mundial i e tabata bai misa Karismátiko na Brievengat. Despues di algun luna bai bini el a bin komprondé i a aseptá Kristu. El a bisa ku e ta bai papia i bisa nan na Brievengat pa nan tambe aseptá Kristu. Mi a bis'é ku nan lo kore kun'é ma el a kontestá ku e no ta kere. I asina a sosodé ku e no a bai serka nan mas. El a kuminsá bishitá Iglesia na Montaña bou di Pastor Clavis White. El a krese den e Palabra. E tabatin hopi hamber pa e Palabra. Su yunan tambe a kuminsá bini Iglesia. Ami kuné tabata sali pa testifiká riba djasabra ku Iglesia. Un biaha nos a bai na un kas unda nos a haña nos ku sùrnan hulandes Katóliko. El a testifiká kasi pa konvensé nan. E señora akí ta Grace Marchena, kende a stima i a kana ku Señor. Iglesia tabata sali tur siman pa testifiká. Un otro biaha Grace i ami a bai un kas kaminda nos a papia na porta ku un mener i a dun'é e plan di salbashon. Nos a bis'é ku nos ta pasa otro siman. Ora nos a bai e siguiente siman nos a yama ku yama, pero nada. Pero nos tabata sinti holó di kuminda ta sali fo'i kushina. Nos a disidí pa drenta den kurá. Nos a yama i a yama, pero nada. Nos a disidí pa sali bai. Nèt ora nos a sera e porta di kurá a sali un kachó masha grandi i rabiá. Nos a skapa na wowo di angua, Dios a spar nos. Na aña 2020 Grace Marchena a bai serka Señor. Bukhandel tabata un tremendo ministerio pa sirbi e pueblo di Kòrsou. Te awe ora mi topa rumannan di kualke religion, nan ta testifiká kon e bukinan i otro materialnan a bendishoná nan bida. Tambe e dushi tempu di komunion ku nan a pasa den Bukhandel.

Nilva Juan Pedro na Bukhandel Evangélika.

Un otro eksperiensia den e ministerio di Libreria tabata ku mi a topa personal ku Corrie Ten Boom. Un Hulandes kristian ku a pasa den Segunda Guera Mundial i a sobrebibí. Corrie I su famia tabata skonde amigu hudiunan durante di Segunda Guera Mundial den nan kas. Nan a traha un lugá di refugio den un di nan kambernan. Nan a arestá Corrie, su ruman muhé Betsie i nan tata, i a hiba nan den kampo di konsentrashon na Alemania. Nan a maltratá nan i hopi persona mas. Pero den un manera milagrosamente Dios a libr'é. Corrie ta konosí pa su hopi bukinan impresionante ku el a skirbi. Esun promé 'De Schuilplaats' na spanó 'El Lugar Secreto'. Tambe el a bishitá Trans Mundial na Bonaire. Na Kòrsou nan a bishitá Bukhandel e tempu ei ku sra. Chapman i ami. Tabata un previlegio pa topa personal ku e muhé di Dios tremendo akí. Tempu ku mi a bai Hulanda, mi a bishitá su kas na Haarlem. Nan a hasié un museum na unda mi por a mira e 'schuilplaats'. Tabata un eksperiensia maravioso pa mi. Un biaha un mener hulandes a drenta Bukhandel i e tabata kombersá ku sra. Chapman. El a konta ku e tabata nabegá riba un yate su so. Sra. Chapman a papia kuné di Kristo, e tabata un ateo. Tabata difísil pa konvens'é. Señora a regal'é un buki 'More Than A Carpenter' 'Mas Que Un Carpintero'. E siguiente tempu el a bini bèk pa konta señora ku el a bira un Kristian. Tremendo! Tabatin hopi mas hende ku a kombertí i a krese spiritualmente pa medio di e ministerio di Libreria Evangélika."

Editorial Evangélika

Iris Bradshaw i Marieta Petrona na e edifisio di Editorial Evangélika

Iris Bradshaw ta relatá

Editorial tabata produsí material kristian masha útil i nesesario pa e iglesianan di Kòrsou, Aruba i Boneiru.

- Buki di lès pa Skol di Djadumingu.
    ° Kleuter - ku tabata kontené obra di man
      i kantika pa e muchanan
    ° Primaria
    ° Djuniòr
- E pamfleta 'Mensahero' tabata sali tur siman
- Traktadonan
- Buki di Kantika; pa por a produsí e buki di kantika (buki kòrá), mester a skirbi karta pa haña pèrmit pa tradusí vários kantika

- Buki di Korito
- Buki di muzik pa piano
- Bukinan di estudio Bíbliko

Tambe Editorial tabata traha layout pa klientenan ku tabata bini na e imprenta, pa drùk buki di estudio. Tradukshon di Tèstamènt Bieu i Tèstamènt Nobo tambe tabata parti di e trabou di Editorial Evangélika. Ora ku a kaba tradusí e promé buki di Beibel ku ta 'Génesis', a drùk e, asina a sigui drùk kada buki te ora henter Tèstamènt Bieu tabata tradusí. Ora a kuminsá revisá Tèstamènt Nobo, Lillian Mikkelson a hiba e trabou Aruba unda 'Wycliffe Bible Translators' a manda un spesialista bin kontrol'é i aprob'é! Despues ku e trabou ei a kaba, el a bini Editorial Evangeliká bèk i asina a manda drùk Beibel Santu."

Iris Bradshaw ta kontinuá:

"Mi a kuminsá traha mas o ménos na aña 1964 den un kamber den kas di famia Cowser.
Despues Eunice Barriento a djòin e tim. El a kita un poko despues ku el a kasa. E ora ei Sigried Antersijn i Marieta Petrona a bin traha. Sigried a kita despues di un par di aña, asina Marieta i ami a sigui traha ku señora Cowser kende a kuminsá ku e ministerio.
Despues ku famia Cowser a bai Merka bèk, Marieta i ami a sigui ku e ministerio te na aña 2000 kaminda a pone *'Editorial Evangélika i Boekhandel Evangélika'* huntu bou di un dak na Weto.

KAPÍTULO 14

HISTORIA DI IGLESIA ALIANSA EVANGÉLIKA: 'LUS DI MUNDU' NA PALU BLANKU

HISTORIA KRONOLÓGIKO DI IGLESIA

Introdukshon

Nos a hasi nos máksimo esfuerso pa buska informashon mas korekto posibel hasiendo korespondensia ku mishoneronan inisiadó di e obra akí na Palu Blanku, esta famia Cowser i famia Chapman. Tambe nos a entrevistá rumannan ku tabatei for di prinsipio, manera sra. Bea Maria, sra. Ena Hunte, srta. Elsi Hunte i Pastor Wilfred Antersijn.

Ta asina ku for di 1953 e pareha mishonero Richard i Lilian Ekstedt di Iglesia Saliña, huntu ku nan yunan, a kuminsá ku e ministerio di tènt i tabata hasi sirbishi evangelístiko. Na aña 1960 famia Ekstedt a kuminsá un kampaña di tènt den e bario di Palu Blanku. E kampaña evangelístiko akí a dura vários luna, durante kua e pareha Samson a kombertí.

Tempu di Mishoneronan 1964 pa 1973

Minister Richard Cowser i esposa Betty Cowser.

Na aña 1964 despues di un kampaña di tènt na Palu Blanku, algun persona a bin na Kristu i a kuminsá reuní den kas di famia Samson. Sr. Wilbur Chapman tabata na enkargo di e obra.
Na luna di yüni 1965 sr. Richard Cowser a tuma ofer di sr. Chapman. Tabata reuní den kas di famia Samson riba djabièrnè anochi. Famia Samson a duna nan tereno, originalmente destiná pa lanta nan sapateria, pa konstruí un edifisio kaminda Iglesia ta aktualmente.

Deseo di sr. Cowser tabata pa kuminsá ku Skol di Djadumingu i sirbishi djadumingu i tambe pa traha un edifisio e próksimo aña.
I enberdat pa grasia di Dios dia 18 di yüli 1965 a kuminsá ku Skol di Djadumingu i sirbishi den e bario di Palu Blanku! E bon notisia tabata, ku asistensia tabata entre 30 pa 40 persona. E ménos bon di esei tabata ku e grupo tabata

demasiado grandi pa e kas di famia Samson. E ora a bin sugerensia pa lanta un edifisio di palu temporalmente. Sr. Ed Martens, mishonero na Aruba, lo a bini pa hasi e trabou.

Pero na yanüari 1966, miéntras tabata warda pèrmit pa konstruí un edifisio di palu, 'Rafinaderia Shell' tabata duna klenku pòrnada. Sr. Cowser a bai pidi pa Iglesia i Dios a obra ku nos a haña sufisiente pa traha un edifisio di klenku enbes di palu. Boluntarionan a bai piki i stapel e klenkunan den kurá, mas o menos dos mil klenku. Pero dos mil klenku lo yega? Traha e edifisio di palu òf di klenku? Kiko Dios ke? Asina nos a hasi orashon pa no kometé fayo!

Na luna di aprel 1966 kontesta di orashon a yega i e lo bira un Iglesia di klenku (ku mas despues lo bira edifisio pa Skol di Djadumingu). Dia 8 di yüli a haña pèrmit pa konstruí e edifisio di klenku; esei tabata kontesta di orashon! Mientrastantu ku e edifisio tabata den konstrukshon, e rumannan tabata asistí djadumingu anochi na Iglesia di Saliña i nan tabata bai ku bùs di Iglesia. Entretanto e klenkunan a bira mas o ménos sinku mil i pa 29 di yüli fundeshi tabata kla kobá.

Ponementu di e promé piedra pa konstruí e edifisio di Palu Blanku a tuma lugá 9 ougùstùs 1966.

Na luna di sèptèmber 1966 famia Cowser a bandoná Kòrsou pa bai Boneiru pa tuma lugá di sr. Ressler pa un aña. Sr. Cowser a bisa: "Ta difísil pa bai laga algu ku no ta kla." Tabata falta kuater kareda di klenku riba bekest i ainda no tabatin porta, bentana i flur. Sr. W. Chapman a bolbe tuma enkargo di Iglesia Palu Blanku.

Na aña 1970 Mishonero Manley i Brenda Lane a yega Kòrsou i nan a enkarg'é ku Palu Blanku, pasobra aunke famia Cowser a regresá Kòrsou, nan a laga sr. Cowser traha na Iglesia di Montaña. Apesar ku sr. Manley Lane tabata siñando papiamentu, tabatin sirbishi i Skol di Djadumingu den e edifisio nobo di klenku. Asistensia tabata 80 persona!

Tempu di pastornan lokal 1973 pa 2001

Na luna di mart 1973 sr. Manley Lane a regresá Merka pa motibu di salú. Asina Iglesia di Palu Blanku a keda sin Pastor! *Pastor Wilfred Antersijn* a graduá di Instituto Bíbliko Ebenezer i a bin traha na Palu Blanku. Durante di pastorado di sr. W. Anterstijn asistensia na sirbishi di djadumingu a fluktua entre 50 pa 70 kreyente.

Rumannan bishitando sirbishi na e edifisio di Klenku.

Pastor Fred Antersijn a kasa ku Sigried Mari. E tabata na enkargo di iglesia di Palu Blanku durante di e periodo di 1973 pa 1983.

Fred tabata pasa buska rumannan den diferente bario manera Rooi Santu, Sufisant, Groot Kwartier, Kanga i Santa Maria pa bin sirbishi. Su área fuerte tabata evangelismo. Tambe Pastor Fred tabata dirigí e grupo di hubentut i huntu nan tabata sali evangelisá barionan di Paradijs i De Savaan promé ku klup. Tur djadumingu promé ku sirbishi un grupo di dama tabata reuní pa hasi orashon, entre otro ruman Bea Maria, Petra Windster, Celia Scherptong (Tan), Isbella Martis i Sigried Antersijn. Algun hóben tambe tabata reuní huntu ku nan.

Skol di Djadumingu tabata organisá i tabatin tambe un kor di hóben, guia pa Elsi Hunte, konsistiendo di: Richard Maria, Juan Barriento, Sandra Hunte, Miguel i Tiko Martis, Clara i Altagracia Windster, Mereline Martis, Ludwina Martinus, Sigried Antersijn i otronan. Nan tabata presentá programa pa temporada di Pasku.

Hóbennan tabata sali pa kampamentu di Palabra di Bida. Ei hopi hóben a dediká nan bida na Kristu. For di e grupo ei Juan Barriento a sali pa bai Skol di Beibel na Argentina. Tabatin diferente boutismo di hende na e laman di Piskadera. Tabatin Klup Saforma pa mucha, na enkargo di srta. Elsi Hunte i lidernan.

Algu remarkabel di e periodo akí tabata ku na Palu Blanku tabatin diferente hóben di Boneiru ku a bin pa studia na Kòrsou: Lilian, Shirley, Miralda, Rudolpha, Rudsela i vários mas. Algun di nan tabata duna klas di Skol di Djadumingu i tambe lès na hóben. Ku yegada di *sr. Calvin Varlack* i Palabra di Bida, a drenta un periodo di hopi aktividat pa hóben. E temporada aki tambe tabatin wega di sòftbòl entre e iglesianan di Kòrsou i Boneiru organisá pa iglesia di Montaña.

Na aña 1983 *Pastor Wilfred Antersijn* a tuma su retiro di Iglesia, pasobra e no por a firma e dekreto doktrinal i di pólisa di Komunion di Iglesianan Aliansa Evangélika. Su motivashon tabata: "Di kon no por traha ku Iglesia Pentekostal, siendo mi a bin konosé Kristu den Iglesia Pentekostal?" Asina Hermano Fred a bai lanta un Iglesia Boutista.

E ora ei Iglesia a nombra Pastor Cowser komo Pastor di Iglesia di Palu Blanku i a forma e promé konsilio di Iglesia pa un aña. E konsilio tabata konsistí di e siguiente lidernan di Iglesia: Srs. Eric Faneyte, Danilo Petronilia, Poli Maria, Norvel Fornerino i Pastor Cowser mes. Meta di Pastor Cowser tabata na promé lugá pa organisá e Iglesia ku Ansianonan i na di dos lugá pa e Iglesia bira sostenedó di obra mishonero pafó di Iglesia i pafó di Kòrsou!

Pastor Richard i Betty Cowser a organisá Iglesia di e siguiente manera, esta lantando un direktiva ku lo a kuminsá funshoná na yanüari 1984. Nan mester a drecha finansa di Iglesia i tambe nota e entrada den buki semanalmente, ku firma di dos ruman riba e papel i ku stèmpel di iglesia. Tambe nan a regla sirbimentu di Santa Sena mihó i a strukturá e sistema di guiadó trahando un lista di guiadó. Tambe a traha lista di kantika ku a kanta kaba, pa evitá ku tin kantika ku no ta kantá. Anto ruman Norvel Fornerino a bira lider di kor di Iglesia.

Na aña 1984 Pastor Cowser a pone un meta: Un ruman lokal pa guia Iglesia! Julius Wong Loi Sing i Juan Barriento tabata algun di e kandidatonan. Sugerensia a bin pa pastor Cowser trein hòmbernan di Iglesia pa por duna mensahe. El a reorganisá Skol di Djadumingu i a konsentrá evangelismo den bario di Palu Blanku i rònt di Iglesia mes.

Tabatin un logro grandi relashoná ku e Edifisio nobo di Iglesia di Palu Blanku. Konstrukshon di e edifisio akí a kuminsá den añanan 1974 – 1975, pero no a kontinuá kuné pa basta tempu. I tabata na mart 1984 ora a pone dak i bentana na e edifisio nobo! I na luna di mart 1985 tabatin inougurashon di edifisio nobo kaminda Pastor Lyn Eversweak a prediká.

Debí ku pastor Cowser i famia mester a bai Merka bèk, a vota pa invitá sr. Calvin Varlack bin Iglesia di Palu Blanku pa duna estudio riba djadumingu mainta i djárason anochi pa dos aña. Pa djadumingu anochi, estudio tabata na enkargo di e Ansianonan di Iglesia mes. Iglesia lo mester a sigui buska un Pastor tempu kompleto.

Na aña 1987 un intento pa sr. Cicilio Maria bira pastor di nos Iglesia no a konkretisá. Un di e motibunan tabata ku e peso finansiero di sostené un famia ku sinku yu tabata muchu grandi pa Iglesia. Na fin di desèmber 1987 e temporada di dos aña di Pastor Varlack tabata yegando, pero pastor Varlack, mirando e nesesidat i e difikultat pa haña un pastor, a mustra su disponibilidat pa funshoná komo pastor di Iglesia Palu Blanku pa un periodo transitorio di dos aña mas. E miembronan a aprobá pa Pastor Varlack sigui komo pastor di novèmber 1987 pa novèmber 1989.

Tambe na 1987 a repartí e espasio den e edifisio di klenku den un krèsh pa bebi, un sala pa 'junior church', un ofisina pa Pastor i un 'berghok'. Ademas 1987 tabata e aña di inisio di Mishon: e promé mishonero ku Iglesia a sostené tabata Joyce Varlack na Colombia. Tambe a ehekutá evangelismo den bario di De Savaan djaweps anochi.

Aña 1988 tabata un aña di kresementu.

	1987	1988
Asistensia djadumingu mainta	110	135
asistensia djadumingu anochi	70	81
Djárason	70	55
Boutismo		20
Miembro nobo		5
Total miembro		71
Promesa di fe (mishon)	3497.66	758.57
Kantidat di mishonero	1	5
Entrada di iglesia	26175.25	41172.55

Tabatin elekshon di Ansiano i Diákono. Ansianonan tabata srs. Poli Maria, Norvel Fornerino, Erick Faneyte i Ed Martens (kende a bin yuda den trabou di edifisio), miéntras e diákononan tabata srs. Danilo Petronilia i Stanley Baromeo.

Tambe a sali un karta buskando un ko-pastor den persona di sr. Kenneth Balootje, pero kontesta di Kenneth Balootje tabata: "Mi kurason ta pega na Santo Domingo!"

Na Aña 1989 a mira komienso di grupo di 60+ bou di e nòmber 'Speransa i Viktoria'.

Iglesia tabata evangelisá den De Savaan i Mahuma i komo resultado di un kampaña den De Savaan, 36 persona a aseptá Kristu komo nan Salbador! Dia 2 di òktober 1989 a hasi intento pa kuminsá un iglesia na De Savaan, pero esaki lamentablemente no a bira realidat.

Den aña 1990 Iglesia a kuminsá evangelisá djadumingu mainta, kas pa kas na turno den Jandoret ku binti ruman; den e di dos mitar tres ruman so a sigui ku evangelisashon.

E mesun aña a introdusí Klup Atleta Olímpiko na Iglesia i na De Savaan i tambe a hasi e promé biahe mishonero pa Aruba 16-21 di aprel ku diesdos persona! Tambe nos ta agradisido na sr. Boanerges Barriento ku a duna e kurso pa mas maestro di Skol di Djadumingu.

Na aña 1991 direktiva di Iglesia tabata konsistí di sr. Norvel Fornerino, sr. Poli Maria i Pastor Calvin Varlack. E aña akí a kuminsá ku e ministerio di kor di mucha dirigí pa Juan i Eva Barriento. I tambe a kuminsá ku ministerio di hòmber na Iglesia di Palu Blanku.

Na aña 1992 Iglesia a kuminsá evangelisá segun don i talento. A traha sinku ministerio di evangelisashon: hòmber, dama, mucha, kas pa kas i kampaña ku literatura. Tambe a realisá di dos biahe mishonero, a biaha pa Colombia ku bintisinku ruman.
Dia 14 di ougùstùs 1992 tabatin votashon pa ansiano i pastor.

Srs. Oswaldo Louisa, Stanley Baromeo i Juan Barriento tabata apuntá komo Ansiano i komo Pastor sr. Anibal (Tiko) Muñoz. Pastor Calvin Varlack a sigui fungi komo mèntòr di Pastor Muñoz. E aña ei tabatin e promé retiro di direktiva di Iglesia huntu ku nan esposa den Hotel Coral Cliff. Iglesia na e momento akí tabata konta ku sesentishete miembro.
Dia 15 di Sèptèmber 1992 famia mishonero Wilbur, Grace i Paul Chapman a bandoná Kòrsou.

Aña 1993 tabata un aña di hopi desaroyo i nos ta menshoná algun!
A lanta e muraya rondó di Iglesia. Òktober Pastor Calvin Varlack a baha komo Pastor di Palu Blanku. Ingemar Tromp i Altagracia Tromp a bira lider di Hóben Adulto. Grupo di hòmbernan a kuminsá ku orashon un bes pa luna 5or am, bou di guia di Jacintho Martina na su kas. Iglesia tabata evangelisando rondó di Iglesia i Noord Rozendaal i a organisá dos kampaña na De Savaan i na Grinoli / Veeris. Finalmente pa koroná e obra, Juan i Eva Barriento a sali komo mishonero pa Peru.

Na 1994 e lema di aña tabata Echonan 2:42-47 i Iglesia tabata evangelisá rondó di Iglesia i den bario di Seru di Kandela. Tambe tabatin un sirbishi di dedikashon di matrimonio hasí pa Pastor Clavis White.

Aña 1995 tabata un aña difísil di lucha interno ku a kontinuá, ma Iglesia a kumpli dies aña di mishon, sosteniendo mishonero pafó di pais Kòrsou, organisando konferensia mishonero i promesa di fe. Komunion di Iglesianan tabata organisá kampaña bou di e nòmber 'IMPAKTO' desde 1983. Dia ku Impakto '95 a tuma lugá den stadion di Sufisant, 101 persona a bin na Kristu! Ministerio tambe di prizon tabata kanando bon!

I tabata na 1995 tambe ku liderato a kuminsá traha riba statuto pa Iglesia di Palu Blanku.

Na aña 1996 a apuntá sr. Ludwig Maria komo Ansiano di Iglesia. Na desèmber Pastor Muñoz a entregá karta di retiro pa bai Merka ku su famia pa sigui skol di Beibel na Rio Grande, Texas!

Durante aña 1997 a introdusí nochi di gratitut ku un 'potluck dinner'. Tambe a fura bankinan ku sr.
Ed Martens a traha i a spùit nan i a laga kose kortina pa Iglesia.
Pastor Clavis White tabata enkargá ku e seremonia di inougurashon ofisial di nos edifisio nobo!

Aña 1998 a trese kambio den orario di sirbishi i Skol di Djadumingu: sirbishi di adorashon lo bira di 9:30 pa 11:00 or i Skol di Djadumingu lo bira di 11:00 pa 11:45 or.

Iglesia a haña algun músiko di Iglesia di Montaña den persona di: Juni Mercera, Jaco Bentura i Allison Raap. Huntu ku nan a bin Miriam Wawoe. A introdusí 'Praise Team' i kalènder di iglesia.

Tambe a introdusí e siñansa di Rick Warren *"The Purpose Driven Church"*. E Iglesia basá riba sinku propósito: komunion, evangelisa/disipulá, adorashon, siñansa, ministerio.

Na aña 1999 Iglesia a aprobá e statuto i a bai di akuerdo pa kambia konstitushon di Iglesia pa e kuadra ku e statuto. Ademas Iglesia a vota pa tres diákono: Srs. Riles Rosa, Herbert Maria i Richard Maria.

Ruman Stanley Baromeo a tuma enkargo di Komité Edukashon Kristian. Tambe Iglesia a instalá sr. Ludwig Maria komo pastor durante un seremonia dirigí pa Komunion di Iglesianan na Iglesia di Palu Blanku. Pero ya na òktober Pastor Ludwig Maria a sali komo mishonero pa bai traha komo pastor na Iglesia di Rincon, Boneiru, kuminsando na yanüari 2000. E ora ei e rumannan a aprobá pa direktiva di Iglesia kuminsa dialogá ku un pastor. Mientrastantu tabatin evangelismo den Dein bou di guia di Sr. Robert Carolina.

Durante aña 2000 Richard i Clara Maria tabata enkargá ku ministerio di mucha i hubentut miéntras ku famia Tromp a bai sirbi na Iglesia Boutista den bario di Bonam. Tambe a bin ku un vishon pa un obra nobo den Charo/Sta. Helena i a invitá Pastor Fred Antersijn pa guia un konferensia mishonero.

I algo hopi importante tabata ku e statuto a bin kla, dunando Iglesia su mes derecho legal di eksistensia komo un 'vereniging', asina ku TEAM por a pasá tur derecho riba e propiedatnan pa Iglesia dia 15 di desèmber 2000.

Na aña 2001 direktiva tabata konsistí di tres ansiano i tres diákono, i e tres ansianonan tabata forma e direktiva diario. A aktivá plan evangelismo 'obra nobo' den bario di Charo/Sta. Helena i Komité Edukashon Kristian a kuminsá traha riba un plan pa prepará obrero nobo. Tambe a introdusí Programa 'Survival' pa hóben. Den 2001 Komité di 'Praise Team' tabata konsisti di Juni, Miriam, Herbert Maria, Lides Martina i Norvel Fornerino.

Alabá sea Señor ku sinku ruman a tuma e paso di boutismo!

Nos tin ku menshoná ku tabatin un 'Unicum' den Iglesianan Evangélika na Antias i Aruba, esta dos seremonia di matrimonio a tuma lugar pareu! Tambe nos a selebrá e promé lustro di nochi di gratitut.

Nota spesial :

Riba un pregunta na eks Pastor Antersijn: Kon a yega na e nòmber 'LUS DI MUNDU'?, el a splika ku tur ruman e tempu ei rondo di 1982 por a entregá un nòmber ku segun e por ta nòmber di Iglesia. For di e nòmbernan ku a drenta a skohe 'LUS DI MUNDU' komo e nòmber ofisial di nos Iglesia. Fredy Antersijn a entregá e nòmber aki. Asina nos iglesia a bira: *IGLESIA ALIANSA EVANGÉLIKA 'LUS DI MUNDU' OF IAELM.*

KAPÍTULO 15

DOS SUSESO GRABÁ HISTÓRIKAMENTE 2002-2022

Warwarú devastadó

Énfasis di e temporada akí ta riba dos suseso ku ta grabá históriamente komo testimonio pa mira e manera grandi i maravioso ku Dios ta obra.

-Warwarú destruyendo nos edifisio i Dios obrando a traves di diferente Iglesia i ruman.
-Terminashon di un temporada di 26 aña sin un pastor.

A sigui un temporada ku nos por kategorisá komo un temporada di sekura. Lucha pa haña un Pastor no a duna resultado. Rumannan no por a komprondé kon

Dios ta traha. Miéntras ku Iglesia tabata buska un Pastor pafó di Iglesia, tres ruman di nos Iglesia huntu ku nan esposa, a sali for di kongregashon di Palu Blanku pa bai traha den otro Iglesia na Kòrsou, Boneiru i Peru, esta:

-Ruman Ingemar Tromp komo pastor na Iglesia Boutista;
-Ruman Ludwig Maria komo pastor na Iglesia Rincon i Nort Saliña, Boneiru;
-Ruman Juan Barriento, komo pastor mishonero na Peru.

Ku ansianonan na turno, i e Bon Man di Señor, e Iglesia di Palu Blanku a keda na bida i tabatin su tempunan bon i ménos bon, semper ankrá riba e Baranka: Kristu!

Aparte di tur lucha i opstákulo, dia 23 di ougùstùs 2008, un warwarú devastadó a sakudí Iglesia Lus di Mundu! E kas kaminda nos Iglesia a kuminsá tambe a sufri daño severo.

Asina e Edifisio a keda despues di e warwarú.

Edifisio a keda sin dak.

Den nos tristesa nos a mira kon e Man Poderoso di Dios a obra na un manera grandi. Promé yudansa a bin e dia siguiente di Iglesia 'New Song' den forma di un bon ofrenda i nan tabata dispuesto pa yuda den kiko ku tabata posibel.

Despues tabata Iglesia 'House Of Worship' ku tambe a duna ofrenda i instrumènt. Den e temporada akí nos ruman Norvel tabata traha inkansabel riba fondonan, skirbiendo karta pa diferente instansia i Iglesianan na Merka.

Dios obrando grandemente

Nos por a mira New Song ketu bai yudando. Ruman Norvel tabatin un man grandi den esaki, debí ku ruman Norvel i pastor Papi Esprite tabata bon amigu ku otro. Ruman Norvel e tempu ei ainda tabata traha na MCB, i tabata lógiko ku a buska yudansa einan i a haña tambe. Karta a sali pa Refeneria Isla, kaminda ruman Riles Felisia tabata traha, ku a fasilitá e karta ku e petishon pa yudansa yega kaminda e mester a yega.

I Dios a guia i nos a haña donashon di mas o ménos 52.000 florin. Norvel su pèn no a para ketu i kartanan tabata sali den tur direkshon. Dios a obra ku nos a haña tur nos bentana i porta komo donashon, serka ruman Jerry Kock di e Isla di Aruba kende ta doño di e fábrika di bentana i porta 'Island BEST International'. Kartanan a bai Merka tambe i e Iglesianan a ofrendá tremendamente na Señor Su obra.
Nehemias 2:20 tabata e lema ku nos a usa pa motivá nos pa traha.

Nehemias 2:20
"E Dios di shelu lo duna nos éksito; pesei nos,
Su sirbidónan, lo lanta i traha."

Ta hasi e edifisio limpi.

Aparte di tur e ofrendanan ku nos Iglesia a risibí, nos a haña tambe yudansa di Refeneria huntu ku diferente ruman di Iglesia di Barber, pa hasi limpiesa. Despues ku a hasi un limpiesa kompleto, trabou a kuminsá ku hopi amor i dedikashon. Tur hende a pone man na obra!

Den nos Iglesia semper e damanan tabata wesu di lomba fuerte. Nan tabata kla pa hasi tur kos pa trabou kana. Trabou tabata den 'full speed' i e unidat bou di rumannan tabata tremendo. Rumannan tabata duna, i Dios tabata obra, i esaki a engrandesé e ánimo .

Mientrastantu, nos tabata studia pa wak unda nos lo por reuní komo iglesia. Nos a usa e edifisio di Iglesia di Saliña pa un reunion. Tambe nos a usa e edifisio di El Bethel na algun okashon. Iglesia *'New Song'* a ofresé Iglesia di Palu Blanku un sala kompletamente ekipá. I a bisa nos na prinsipio, ku asta nos por usa nan sala prinsipal.

Nos a haña un tremendo bon biní serka nan i nos a permanesé den e edifisio di 'New Song' ocho luna, miéntras ku rekonstrukshon di nos edifisio tabata kana hopi bon.

Promé eternit dediká na ruman Noris.

Un dama ku a traha hopi duru, aunke e no tabata bon di salú, ta *Noris Maria*. E tabata bende diferente kos di boka dushi i pùnch pa asina generá fondo pa kontribuí na e fondo di trabou pa e edifisio. Iglesia ta sumamente agradisido pa e trabou di e ruman akí, ku sigur tabata un estímulo pa hopi. E promé eternit ku a bai ariba, tabata dediká na nos ruman Noris.

E trabou tabata duru pero niun hende no a nota esaki, pasobra tabatin un goso tremendo bou di e rumannan. Donashon tabata sigui drenta for di Merka i tambe for Kòrsou mes.

Pa onra i gloria di Dios, nos tabatin un gastu grandi di riba *100.000 florin*, i nos a hasi tur e trabounan akí sin tabatin mester a hasi fiansa. Tabata e poder i amor di nos bon Dios. Esaki a motivá nos, Su sirbidónan pa lanta i traha.

Noris Maria

Trabounan ta avansando.

Trabounan tabata kana i Dios tabata obrando. Nos a siña sigur kiko ta unidat.

Un edifisio restourá i bunita. Gloria na Dios!

Pastor Tempu Kompletu

Nos tur tabata sa ku no ta tur ruman lo a bin kas bèk huntu ku nos. Pero esnan ku no a regresá a resultá un sorpresa tòg. Tambe tin ruman ku a bin bèk, pero no a keda ni un aña. Mientrastantu nos ta sigui hasi orashon pa nos tin un Iglesia puru. Dios ta Fiel i E ta sigui hasi Su trabou.

Ansianonan i lidernan despues di a bin kas bèk despues di e warwarú.

Ruman Norvel no a pone su mes re-eligibel. Ruman Stanley Baromeo no a haña sufisiente voto pa drenta direktiva. Despues nos ruman Herbert Maria mester a bandoná liderato. Famia Constansia tambe a bisa ku nan ta sinti yamada pa sirbi otro kaminda.

Mas o ménos na 2013 nos ruman Oswaldo Louisa a sinti e yamada pa pastoriá e Iglesia Lus di Mundu. A forma un komishon pa kuminsá ku e proseso pa yega na un Pastor pa Iglesia, pero e proseso no a duna resultado e tempu ei. Sinku aña despues a bolbe lanta un otro komishon, ku e tarea pa wak si e kandidato ta kumpli ku e kualifikashonnan segun Beibel pa bira pastor. Sin resultado!

Na 2020 a sinta un direktiva nobo konsistiendo di rumannan *Richard Maria, Eric Faneyte i Edwin Constancia*. Den aña 2021 direktiva di iglesia a reuní i a proponé pa amplia direktiva.

E pensamentu a bini pa papia ku ruman *Oswaldo Louisa*, pa wak ku e ta di e mes opinion ainda ku añanan pasá, esta di pastoriá Iglesia Lus di Mundu. A traha un sita ku ruman Oswaldo i e kombersashonnan tabata positivo, pa e funshoná komo ansiano i despues pastor.

Porfin nos tin un pastor

Dia 28 di mart 2022, Iglesia Lus di Mundu a terminá e temporada di 26 aña sin un pastor, ora a eligí nos ruman *Oswaldo Louisa* den un reunion di miembro komo Pastor di Iglesia Aliansa Evangélika 'Lus di Mundu' na Palu Blanku!

Pastor Oswaldo Louisa.
Awor Palu Blanku tin un Pastor despues di 26 aña.

A reina un goso tremendo bou di e rumannan. Un frase ku tabata resoná for di boka di diferente ruman tabata: "Porfin, porfin nos tin un Pastor".

Oswaldo mes di su parti tabata sumamente kontentu, i den mesun rosea a pidi rumannan pa sostené e i su kasá den orashon.

KAPÍTULO 16

HISTORIA DI IGLESIA ALIANSA EVANGÉLIKA "SALU DI TERA" NA BARBER

FUNDASHON I KOMIENSO DI E IGLESIA (1971-1978).

"E promé hende kombertí na Oropa tabata un muhé i segun historia, e iglesia einan a kuminsá reuní den su kas". (Echonan 16:14-15).

Historia di iglesia di Barber tin e mesun komienso. Na aña 1971-1972, Vera Damatius (qepd) durante su malesa di múskulo tabata na kama sin por a kana. Un dia el a trata di haña algun bon músika na radio i a dal riba *'Radio Victoria'*, di Aruba. Skuchando palabra bunita tur dia na *'Radio Victoria'*, el a haña un programa ku el a gusta: *"Palabranan di Bida"*, ku Pastor Bicento Henriquez. Ei el a haña splikashon kon ta aseptá Kristu i mesora a hasi un simpel orashon di konfiansa den Hesus pa salbashon! El a skirbi Radio Victoria i nan a mand'é un Tèstamènt Nobo. Radio Victoria a skirbi *Pastor Eusebio Petrona*, i el a bai bishitá Vera. E dia ei mes ruman Vera a haña Palabra di Dios tokante siguridat di salbashon. Asina Vera Damatius tabata e promé kreyente evangéliko di Iglesia Aliansa Evangélika na Barber.

Banda di ougùstùs 1972, sr. Robert McClain, kende tabata bishitá masha hopi hende na Bandabou, mester a muda pa Aruba pa traha ku Editorial Evangélika. Komo e no ke a laga e hendenan ei sin un apoyo spiritual, el a solisitá e Iglesianan di Saliña i Montaña pa manda hende bai bishitá na Bandabou. Asina desishon a kai pa manda un delegashon nèt despues di un kampaña na Koraal Specht na ougùstùs 1972. Den e delegashon tabatin Pieter Steneker komo lider klave huntu ku Napoleon Reyes, Antonio Michel, Sylvio van Langeveld i Hensley Huybrechts. Na fin di 1972 i komienso di 1973, Edwin Maduro despues di a kombertí den prizon tabatin un anhelo grandi pa prediká Palabra di Dios. El a kasa ku Juliette Mercelina i nan a bin biba na Buena Vista pariba di Santa Cruz.

Durante di aña 1973, Edwin Maduro, kende tabatin un karakter fuerte, tabata testifiká den Barber i esaki tabatin vários desishon pa Kristu komo resultado. Algun ku a kombertí e tempu ei tabata: 'Albert Hooi, Errol Weert,

Maritsa, su ruman muhé, Robert' i otronan. Durante aprel 1973, ya tabatin reunion na kas di Edwin Maduro i vários kristian di Flip manera: 'Eunice Koeiman, Bier, Lilian Koeiman i Michael Hooi' tabata asistí. E aña ei un grupo di ruman for di Montaña, yamá "Gospel Team" a bin bishitá.

Na yüni/yüli 1973, Juya Hooi i su yu hòmber Ellis Hooi a kombertí. E reunionnan a kontinuá na kas di Edwin. Pieter Steneker a entregá su liderato pa motibu di e karakter dominante di Edwin. Pa motibu di komportashon indebido di sr. Maduro a lanta un skandal, loke a kous'é su libertat debí na su aresto. E ora ei Iglesia a muda pa kas di Michael (Maiko) Hooi i despues pa kas di Vera Damatius, e promé persona ku a kombertí.

Na ougùstùs 1973, sr. Eusebio Petrona a batisá e rumannan 'Michael Hooi, Lilian Koeiman i Vera Damatius', na Playa di Santa Cruz.

Na kuminsamentu di 1974, e iglesia a risibí mas yudansa di iglesia di Saliña. E mishonera srta. Lillian Mikkelson tabata hopi involukrá. El a start e trabou ku hóben. E tabata sali ku nan, hasi aktividat i yuda hopi den 'klas di djadumingu'. E personanan: 'Riglen Specht, Jozef Gomez, Joyce Varlack, Joan de Wind' i otronan tambe a yuda hopi ku klasnan di djadumingu. Durante a aña akí Pastor Petrona tabata na enkargo di Barber. Na aprel di aña 1974, sr. Juan Ansano a kombertí su so a traves di *'Radio Trans Mundial'* ku Pastor Herman Nuñez i dia 4 di yüli 1974, el a hasi esaki públikamente na un aktividat spesial ku e grupo 'Youth in One Accord', ku a bin for di Merka. Sra. Maria Hans a kombertí e dia ei. Pastor Fred Anterstijn tambe a yuda fielmente e temporada ei ku estudionan i a instruí klasnan di boutismo. Dia 8 di desèmber 1974, pastor E. Petrona a batisá ocho persona na Iglesia di Saliña Abou.

Na yanüari 1975, Edwin Maduro a sali for di prison i e mester a bai bèk Saliña pa regla asuntu, ma esaki no a kaba bon manera tabata di spera. Su deseo tabata di hiba huntu kuné tur esnan ku el a testifiká na nan i ku a kombertí. Su deseo a bira realidat, pasobra kasi tur a siguié. Esei tabatin komo resultado ku Iglesia di Barber a dividí i esnan ku a keda tabata solamente 'Juya Hooi, Ellis Hooi, Nilda Ansano, Maritsa i Robert, Vera i algun mucha'. Tabata tempu sumamente difísil pa Iglesia di Barber, ma Dios a usa Pastor Petrona kende ku fieldat na Señor a kontinuá i a mantené e iglesia na bida ku respaldo di Beibel, i asina e portanan di fièrno no a triunfá riba Iglesia di Hesus! Esaki a kontinuá kuater aña largu te na fin di 1978.

EKSPANSHON DI E IGLESIA.

Dia 26 di desèmber 1978, Kenneth Balootje a kombertí. Durante di tur e tempu akí, ruman Petrona a pastoriá e iglesia 'part-time' ku yudansa di entre otro sr. Antonio Michel. Un orashon frekuente tabata pa e iglesia tin su mes pastor tempu kompleto, pero e Iglesia Mama di Saliña, a konsiderá esei prematuro, pasobra ainda no tabatin kandidato madurá den e kongregashon pa e funshon ei. P'esei nan a manda Sylvio van Langeveld pa yuda na Barber. El a hasi un bon trabou i a duna e rumannan un bon bista di kon Tèstamènt Bieu tabata hinká den otro. Rumannan a studia atento tumando nota! Ma pronto despues Sylvio i su esposa Jenny a muda pa biba na Hulanda. Algun aña despues Iglesianan Aliansa Evangéliká mester a sera porta pa Sylvio pa motibu di su maña di infiltrashon ku doktrina falsu di Sabellianismo! Imaginá bo si e tabata pastor tempu kompleto! P'esei Iglesianan Aliansa Evangélika kompleto a para kontra su doktrina desviá.

Na fin di 1978 pa kuminsamentu di 1979, ruman Albert Hooi a bolbe bèk i huntu ku Kenneth Balootje nan a bira bon amigu. Tabatin basta problema debí na zelo sin konosemento relashoná ku doktrina di lei, Sabat i pèrdèmentu di salbashon di sierto predikadó na Radio Victoria.

Ma e hóbennan ei tabata deseoso pa prediká e evangelio. Nan a prediká vários kaminda na Barber i Dios a obra ku na 1980 tabatin gran kosecha spiritual. Nan tabata un instrumènt ku Dios a usa pa guia famia Hooi na Kristu. E bida kristian tambe di e rumannan Juan ku Nilda Ansano a hasi hopi impakto riba Edsel i Jessy Granviel, i esakinan a kombertí riba un Bièrnè Santu na kas di Vera!

Na 1979, tabatin e promé kampamentu ku *'Fundashon Palabra di Bida'* a organisá na Mal Pais. Algun hóben di Barber a partisipá i esaki tabatin efekto grandi den nan bida. Na 1981, Rogelio Sambo i Wendel Granviel a kombertí na kampamentu di Palabra di Bida na Mal Pais. Durante e siguiente dos añanan Dios a sigui obra den iglesia ku pastor Petrona komo lider prinsipal.

Na 1983, Palabra di Bida a organisá un kampamentu na Pannekoek, ku José Jordan, direktor di Palabra di Bida pa Latino Amérika komo predikador. Dios a usa José masha hopi den bida di Rogelio Sambo i Kenneth Ansano. P'esei na aprel 1984, nan a laga nan trabou sekular i a bai Beibelskol na Argentina.

Durante e temporada akí, pastor Petrona huntu ku e hóben adultonan 'Kenneth Balootje, Ellis Hooi, Albert Hooi, Edsel i Jessy Granviel', a kuida e rumannan. Na desèmber 1984, Kenneth Ansano i Rogelio Sambo a bolbe Kòrsou pa un luna pa asina enkurashá hóbennan pa bai Beibelskol i Dios a usa nan grandemente. Na 1985, tabatin sinku hóben lider di iglesia ku a sali pa Beibelskol na Argentina. Esaki a nifiká un peso pisá pa e iglesia di Barber, pero a sirbi pa formashon di otro lider i asina a sosodé tambe.

Durante 1985-1986, Pastor Petrona huntu ku Edsel i Jessy Granviel a traha ku diligensia pa mantené e obra sano i ku Dios Su yudansa esei a sosodé tambe.

Tereno Propio:

Un di e kosnan ku e iglesia a anhelá semper tabata un tereno propio pa konstruí su propio edifisio. A pidi tereno na Barber, pero nunka esaki a resultá posibel.

Banda di 1985/86, ruman Vera Damatius a fayesé i bai den presensia di Señor. Su kas tabata usá pa mas ku dies aña pa e sirbishinan. E ora ei mester a buska un otro kaminda pa reuní. E iglesia a reuní un par di tempu na Wacao 110 na kas di Pablo i Tuda Granviel. Despues na kuminsamentu di 1986, Edsel i Jessy Granviel a bai Beibelskol na Argentina i nan a ofresé nan kas na benta pa bira e lugá di reunion di Iglesia di Barber, a kambio di sosten pa nan studiamentu na Beibelskol. E tempu ei, e sirbishinan tabata 4 or di atardi, pasobra asina por a risibí yudansa tambe di e rumannan di pariba.

Na desèmber 1986, pastor Petrona a bai traha komo mishonero na Aruba. Esaki tabata otro doló pa e iglesia, ma Kenneth Ansano i Rogelio Sambo a kaba Beibelskol i nan a sigui ku e trabou. Asina ku 29 di desèmber 1986, sr. Petrona i su famia a bai Aruba lagando e obra na enkargo di Kenneth ku Rogelio bou di vigilansia di e ansianonan di Iglesia di Saliña.

Durante di e añanan di 1987 pa 1990 mas alumno a bai Beibelskol. Ata algun kambio ku a tuma lugá:

1. Sirbishinan awor tabata 9 or di mainta. E promé sirbishi mainta tabata dia 1 di òktober 1987. E promé djadumingu ku dos sirbishi riba mesun dia tabata dia 3 di aprel 1988.
2. Iglesia a finansiá Rogelio i Kenneth komo lidernan di iglesia. Na fin di aña 1987, Edsel Granviel ku su famia a bolbe for di Beibelskol i a uni ku e liderato di iglesia.
3. Durante 1987-1988, vários boutismo a tuma lugá.
4. Durante 1988-1990, vários di e lidernan di iglesia a

kasa.

5. Na 1989, Komunion di Iglesianan a ordená Rogelio Sambo komo pastor di Iglesia di Barber.
6. Pa añanan largu Iglesia di Barber a partisipá den MISHON ku Iglesia di Saliña, pero awor ku nan tabatin nan mes pastor i e rumannan a oumentá, iglesia a disidí na òktober 1990, pa realisá pa promé bes su propio programa di MISHON, esaki tabata un éksito.
7. Na 1989, Edsel i Jessy Granviel i nan famia ta sali pa traha tempu kompleto na Aruba.
8. Na 1989, iglesia ta kumpra un vèn Toyota Hiace pa yuda trese rumannan na e sirbishinan.

Na 1990, e lidernan di Iglesia tabata: Rogelio Sambo, Kenneth Balootje i Wendel Granviel. Dios a proba a lo largu di e añanan ku E ta fiel i ku e obra na Barber ta di djE i di ningun otro. E Iglesia a pasa den hopi kontratempu pisá, pero pa e grasia di Dios e ta eksistí. AMEN.

KAPÍTULO 17

PERIODO ENTRE 1992-2022

Durante di e perodo di 1992 pa 1993, algun alumno a kaba skol di Beibel di Palabra di Bida, na Argentina. Entre nan tabatin: 'Mirelly Isenia, Misheline Bernadina i Raymond Martis'. Raymond a sigui sirbi Dios basta aña na Buenos Aires i hopi despues a kasa ku Laura i nan ta sirbiendo Dios den sur di Argentina. Tambe tabatin e Alvin Sambo i Wendel Hooi kendenan a bolbe Kòrsou i mesora a kuminsá yuda den liderato di Iglesia di Barber.

Dia 14 di desèmber 1994, Kenneth ku Valerie Balootje a sali komo mishoneronan promé pa ta den e ekipo di Palabra di Bida, Argentina i despues pa funda i dirigí e ministerio di Palabra di Bida, na República Dominicana. Awor nan ta ku e ministerio "Sembrando para la eternidad". Nan tin dos yu kasá (Kevin i Kenrison) ku tambe ta sirbi Dios ku nan famia.

Dia 29 di yanüari 1995, a instalá Alvin Sambo i Wendel Hooi komo ansiano di iglesia i Frensel Ignasio komo diákono. E sirbishinan tabata 9 or di mainta i 6.30 or di atardi. Durante di e aña akí Wendel Hooi a kasa ku Mayra Martis, di 'Iglesia Lus di Mundu na Palu Blanku', miéntras ku Alvin Sambo a kasa ku Lisandra Plantijn. E iglesia miéntras tantu a sigui krese ku e famianan: 'Granviel, Matheuw, Ansano, Koeiman, Sambo, Hooi, Carolina, Lourens, Ignasio, Doran, Jansen, Hansen, Hughne, Martis i Josefa'.

Skol di Djadumingu.

Dia 9 di mart 1997, Ellis Hooi, kende a traha hopi ku e ministerionan di 'hubentut, Skol di Djadumingu, guiamentu di sirbishi, etc', a uni ku e otro lidernan di iglesia komo Ansiano.

Dia 5 di febrüari 1998, Rogelio Sambo a anunsiá ku lo e retirá komo Pastor di iglesia, ma lo sigui asistí i sirbi na Barber. Desde 31 di yüli 1998, el a kuminsá ku 'Fundashon Sembra e Simia' sirbiendo Dios den Kòrsou, Antia Hulandès, Karibe, Sur i Sentro Amérika. Liderato di iglesia a kontinuá ku e Ansianonan 'Alvin Sambo, Wendel Hooi i Ellis Hooi', i e Diákono 'Frensel Ignasio'.

Dia 18 di febrüari 1999, a disidí pa realisá e sirbishinan di djadumingu mainta na "Crediet Union Asunshon", i esnan di anochi ta sigui na e edifisio propio na Wacao 119.

Den e periodo di 2000 pa 2004, a traha bastante riba: 'evangelismo, disipulado i membresia di iglesia'. Tabatin un enfoke fuerte tambe riba mishon, konferensia di mishon i dunamentu di ofrendá na trabou mishonero i na iglesia ku basta bon resultado.

Na yanüari 2005, Ellis Hooi ku su famia huntu ku algun ruman latino a retirá di Iglesia pa bai ministrá na Iglesia Boutista Antiano. Alvin Sambo i Wendel Hooi a keda komo ansiano i Frensel komo diákono. Jimmy Carolina, esposo di Magaly Koeks i Edson Hooi, esposo di Jackeline Paula, graduadonan di Palabra di Bida Argentina a atendé e ora ei ku 'mishon, guiamentu di sirbishi i músika'. E aña ei a kuminsá ku sirbishi riba djadumingu mainta so.

Den e lunanan di yüni-yüli 2006, algun ruman balioso a bai for di iglesia, spesialmente relashoná ku sierto desakuerdo di Iglesianan Aliansa Evangélika di Kòrsou ku e agrupashon musikal 'Shine'. Esei tabata un situashon difísil, pero ku Dios Su grasia e iglesia a sigui padilanti.

Durante di aña 2007 pa 2009, a involukrá e rumannan 'Edson Hooi, Jimmy Carolina i Sandy Hansen', hopi mas ku predikashi pa desaroyá nan komo siñadó. Na desèmber 2007 Juan Ansano, ku a yuda e rumannan hopi desde dekada 70, a bai serka Señor. Dia 7 di novèmber 2008, Wendel Hooi a retirá komo ansiano, ma e tabata disponibel pa sigui yuda. Alvin Sambo so a keda komo ansiano, Frensel Ignasio komo diákono i komo enkargado, 'Jimmy Carolina, Edson Hooi i Rogelio Sambo'.

Entre 2009-2010, e rumannan 'Ronnie, Milka i Shairine Koeiman', di 'Iglesia Aliansa Evangélika Emmanuel' di Salina Abou, a ministrá na nan famia na Wacao. Nan a aserká Ansiano Alvin Sambo, kende durante mas o ménos un aña i mei, a duna siñansa na e grupo akí. Despues ku aprobashon di e famia Koeiman, e grupo a integrá den Iglesia di Barber.

Durante di 2011 pa 2015, e iglesia a sigui bai dilanti, apesar ku algun ruman presioso i fiel manera: 'Nilda Ansano, Yuya Hooi, Bila Hooi i Pablo Granviel', kendenan a kombertí desde añanan 70 i 80, a kaba nan kareda di bida i bai serka Señor. Durante di e periodo akí, e lidernan 'Edson, Jackeline, Jimmy, Magaly i otronan', a traha duru ku Klup di Hubentut. Dios a lanta Gedeon Granviel, yu hòmber mas chiki di ruman Rei i Dulsera Granviel pa bai studia na Palabra di Bida, Argentina.

Despues di a kaba i bolbe Kòrsou, el a kasa ku Surailly Lourens i nan a bai sirbi Dios na 'Iglesia El Camino, Aruba', ku e pareha Edsel i Jerseline Granviel. Un dos aña despues nan a bolbe Kòrsou; studia un ratu na Beibelskol Esdras pa despues bai i kaba e Beibelskol Rio Grande, na Texas.

Algun suseso ku a tuma lugá durante di e periodo di 2016 pa 2018. Wendel i Mayra Hooi, kendenan a traha hopi tempu den diferente ministerio, a retirá di iglesia huntu ku nan famia, esaki a sosodé ku e bendishon di e Iglesia. Nan a bai sirbi Dios na Iglesia Aliansa Evangélika Emmanuel di Saliña Abou. Liderazgo di Iglesia a sigui den e mesun strukturá, ma a agregá e ruman fiel i stimá Kenneth Ansano muchu mas komo siñadó i esaki tabatin bon resultado. Kenneth ku su esposa Ana Ansano den pasado tabata mishoneronan di Palabra di Bida, na e islanan di Kòrsou i Bonaire. Nan no solamente a asistí fiel na Iglesia di Barber, ma a supervisá e maestronan di Klas di Djadumingu durante un periodo largísimo. Den e periodo akí un di e enkargadonan di iglesia a alehá di iglesia, divorsiá i despues kasa ku otro persona. Tabata tempu difísil pa e liderazgo i iglesia kompleto. Mester a papia, konsehá, yora i konfia den miserikòrdia i grasia di Dios, e Tata di tur konsuelo. E ora ei e rumannan Jimmy Carolina i Sandy Hansen mester a guia sirbishi i toka pa e kongregashon alabá Dios. Poko poko, Dios a trese algun bon tokadó i kantadó ku ta hasiendo bon trabou manera e rumannan: 'Marelva Rifaela, Janice Rifaela Granviel, Connie Mingueli, Andresito i Sofia Ansano,

Cheridee Hansen, Ryan Granviel i Jimmy Carolina', kendenan huntu ku ruman Sandy Hansen ta parti di e ekipo di adorashon.

Durante di añanan 2019 pa 2021, e iglesia a sigui desaroyá den e desafionan ku tabatin di rumannan ku a bin na Kristu i tambe ku a tuma retiru di Iglesia. Dios klaramente a duna Su grasia pa sigui padilanti. Algun ruman a pèrdé trabou, ma e Dios fiel a sostené nan.

Ora Covid 19 a yega Kòrsou na mart di aña 2020, e sirbishinan presensial a para inmediatamente, ma a sigui semanalmente ku mensahenan a traves di e plataformanan digital di Facebook i Whatsapp.

Pa e grasia di Dios tabatin masha hopi ruman ku a traha, yuda, siña e Palabra di Dios di diferente manera den diferente ministerio i a yuda ekipá hende pa sirbi te awe. Tin ruman ku tabata prepará den ministerionan den iglesia, otro manera: 'Sandy i Lala Hansen, Lisandra Sambo, Ingrid Granviel, Marelva Rifaela' a traves di Beibelskol Esdras i un gran kantidat na Skol di Beibel den eksterior. Nos ta gradisí Dios pa tur ruman di e iglesia i pa nan sirbishi di diferente manera na Dios. Nos ta agradesido tambe pa tur loke El a hasi den pasado, ma nos tin mester tambe di e grasia di Dios pa kontinuá 'evangelisando e pèrdínan, edifikando e salbánan i eksaltando Dios', miéntras ta sigui spera ku hopi pasenshi i ekspektativa riba e binida di nos gran Dios i Salbador Hesu-Kristu. Amèn.

Grupo di dama.

Aktividat di Iglesia di Barber.

KAPÍTULO 18

HISTORIA DI 'EL BETHEL FELLOWSHIP' NA MAHAAI

Den añanan 70, un Iglesia Protestant no por a haña un Dòmi i pa e motibu ei, nan miembronan tabata bai biba bèk na Hulanda. Basá riba e echo ku nan tabata bai deskontinuá nan operashonnan, nan tabata buska opshon pa e propiedat. Nan lidernan tabata pasa dilanti di Iglesia Emmanuel na Grebbelinieweg i tabata mira e Iglesia yen. Tambe nan a konosé Iglesia Aliansa Evangélika durante e proseso di tradukshon di Beibel Santu i nan

Edifisio El Bethel.

a haña apresio pa un iglesia asina. P'esei nan a disidí pa pasa henter nan propiedat na SBN Doormanweg 32 pa Iglesia Aliansa Evangélika Emmanuel pa hasi kuné loke nan ta deseá, esta pa gana alma pa Kristu.

Komo ku tabata difísil pa kuminsá un ministerio ku e hudiunan eibanda, sr. Cowser, sr. Eusebio Petrona i sr. Clavis White a disidí pa trata na alkansá e sirbidónan doméstiko ku tabata biba den e bario di Damakoor. Tabatin algun dama ku tabata miembro di Iglesia Emmanuel kaba, manera Eve John, Margaret, Norma Holder i vários otro, nan tabata e personanan klave pa kuminsá ku un klas di Beibel na ingles, tur djaweps. Pastor Cowser ora e ta na Kòrsou, Pastor Clavis White i Pastor Eusebio Petrona tabata tuma turno pa siña e klas.

Na komienso di añanan 80, Bankonan 'OffShore' a kuminsá establesé aki na Kòrsou, loke tabata un empuhe finansiero masha grandi pa nos isla. Kòrsou tabata un paraiso fiskal pa tur e kompanianan akí. Hopi banko merikano i europeo a bin stablesé aki i tabata manda nan empleadonan.

Kresementu via OffShore.

Nos Dios Kende ta un Dios ku ta traha na un manera maravioso a obra den esaki tambe. Pasobra mayoria di e empleadonan ku tabata bini pa traha aki pa dos i tres aña tabata kreyentenan stablesí den Señor. A traves di kontaktonan di e komunidat merikano ku tabata residensiá aki na Kòrsou, e mishonero di TEAM 'Pastor Brom Cowser' a kuminsá reuní ku un grupito di nan pa estudio di Beibel den e edifisio na SBN Doormanweg 32 na Mahaai. E edifisio akí tabata fungi promé komo ofisina di Editorial Evangélika. Despues ku mishon TEAM a konstruí un edifisio na St Thomas i Editorial Evangélika a muda bai einan, a kuminsá usa e edifisio na SBN Doormanweg tur djaweps atardi pa e estudio di Beibel.

Despues di un par di luna, na aña 1981, a kuminsá tene sirbishi djadumingu tresor di atardi na Ingles. E grupo tabata krese formalmente. Aki sr. Cowser a duna e iglesia e nòmber "El Bethel' kual na hebreo ta nifiká "Kas di Dios". Esnan ku a yuda na inisio tabata mishonero sr. Brom i sra. Betty Cowser i sr. Wilbur i sra. Grace Chapman. E sirbishinan tabata bon bishitá i kada siman Señor tabata agregá na e kongregashon. Hopi hende lokal di abla ingles tambe a kuminsá asistí.

Lamentablemente ku na final di dékada 80, a bini un kambio den e lei fiskal i esaki a pone ku mayoria di e empleadonan mester a regresá nan pais i e bankonan ei a kuminsá sera nan porta.

E obra ku Dios a kuminsá sí a kontinuá. Na aña 1985, pareha Cowser a bai Merka pa regresá pero no a bolbe mas pa kousa di e salú di Betty Cowser.

Despues di 1986 TEAM a manda un Pastor mishonero ku tabata di fam Holmes i su esposa. E tabata kier a independisá e ministerio, sak'é for di mando di IAEE, konstruí un edifisio nobo riba e tereno sin ku e mes tabata komprendé kiko Kòrsou ta kome i bebe. E mishonero sr. Edgar Martens tabatin un intrankilidat profundo pa ku sr. Holmes. Ora ku sr. Edgar papia kuné semper tabatin konflikto pasobra sr. Holmes no tabata ker a kontestá sierto pregunta. P'esei sr. Edgar Martens a konsehá pa no drenta ningun akuerdo kuné!

Eksperensia di sr. Edgar Martens a dun'é disernimentu di e persona akí. A resultá ku el a buska un salida for di su problema ku e tabatin na Merka ku famia tokante erensia di un señora di edat haltu kende a fayesé. Kòrsou tabata su aparente refugio, ma e famia a manda un bulto di keho di 'modus operandi' di sr. Holmes.

TEAM a disidí pa mand'e bèk Merka. Pero na aña 1987 sr. Holmes a bai Aruba bou di un otro mishon di CBMC (Christian Businessmen's Committee). Buskando sosten di lidernan, el a aserká sr. Petrona pa duna e i su asistente rekomendashon di nan ministerio. Sr. Petrona a nenga di hasi esei ku resultado ku sr. Holmes a bai laga ministerio.

Importansia di e parti akí ta ku den historia di Iglesianan Aliansa Evangélika, disernimentu di spiritu den liderato a preservá integridat di propósito di Dios riba islanan ABC. Asina Señor a preservá loke nos konosé awe komo Iglesia El Bethel.

Esnan ku a sigui ku e obra enkabesá pa Pastor Clavis White tabata: Pareha Chapman, Norvel Fornerino, Cecil Alberto, mishoneronan di TEAM, Edgar & Ruth Martens, Pastor Gordon Lindquist, Ron i Bonnie Johnson i Sam Brockman. Tambe Rogelio Sambo i Hubert Rafaela.

Parti di e Kongregashon di El Bethel.

Durante di e último 35 aña e Iglesia tabata manehá pa Pastor Clavis White te na momento ku el a fayesé na aña 2005. Despues Norvel Fornerino a keda enkargá ku e Iglesia te ku 2014. Despues di 2014 a instalá un direktiva bou di guia di ruman Faroux da Costa Gomez. Predikamentu riba djadumingu ainda ta den man di algun predikadó bon prepará di Iglesianan Aliansa Evangélika di Kòrsou.

E iglesia ainda ta kongregá den e edifisio situá na SBN Doormanweg 32 ku ta propiedat di IAE Emmanuel. Sirbishinan ta na ingles.

Di esnan ku tabata involukrá den e obra akí por mensioná ku Sr. Brom Cowser a fayesé na 2021 i sra. Betty Cowser ta na un kas di kuido, tokando su piano, trahando pùzel, bou di atenshon di nan yunan David i partikularmente Esther.

Sr. Edgar Martens, nos konstruktor kampion tambe a bai sosegá dia 10 di mart 2022 na e bunita edat di 100 aña i nan a tene un selebrashon di su bida dia 2 di mei 2022. Sr. Eusebio Petrona a traha un video pa su famia pasa na e sirbishi akí. Joanne Epp, yu muhé di sr. Martens, ta agradesido na Iglesia Aliansa Evangélika di islanan ABC.

Sr. Wilbur Chapman a fayesé di kanser na 2007 na edat di 82 aña. Sra. Grace Chapman ta na bida, hende grandi ma semper bai ku su sonrisa. Na edat di 95 aña e ta toka piano na Iglesia di su suegro pastor, esposo di Ruth Ann. Grace ta kore un stul di motor, ta bishitá bisiña i ta hasi orashon pa e islanan ABC te ainda! Esaki tabata relato di Wilbur i Paul Chapman!

Kiko mas Señor Hesus tin pa Su Iglesia na SBN Doormanweg 32?
Wèl, Su kompashon ta eterno pa usa kongregashonnan chikitu i grandi pa Su onor i Su gloria!

SEKSHON 3

HISTORIA DI E OBRA DI ALIANSA EVANGÉLIKA NA ARUBA

ARUBA

CAPITULO 19

HISTORIA CONDENSA DI E OBRA DI ALIANSA EVANGELICA NA ARUBA

Luchanan y oposicion na comienso di e ministerio nobo

Misionero sr. Holmberg tabatin contacto cu Kerki Protestant y tabata bin Aruba pa yuda nan. Pa medio di e contacto aki, famia Sheetz a keda invita pa bin Aruba. Misionero Paul Sheetz a yega Aruba na april 1945 y tabata biba na Wilhelminastraat 33, unda tabata 'Tina Boutique'. For di 1 di juni 1945 te cu 30 di juni 1946, sr. Sheetz a predica den Kerki Protestant na Piedra Plat. Su predicashinan tabata basa riba arepentimento y tabata hopi fuerte. El a mustra e hendenan cu nan mester arepenti di nan picanan y cu nan mester acepta Cristo como nan Salbador. Durante di su predicashi Kerki tabata yen di hende. El a predica tambe contra alcohol y a splica e hendenan di tur e problemanan amargo y desastroso cu alcohol ta trece na famia y el a uza versiculonan di Bijbel pa comproba cu e Palabra di Dios ta contra alcohol. Su dialuna tabatin hopi papiamento y rabiamento tocante e predicashi aki y problemanan a start pa sr. Sheetz.

Riba un diadomingo cu Kerki tabata yen yen di hende, sr. Sheetz a predica di bida cristian y a duna un splicacion for di Bijbel kico ta nifica ser un cristian y kende no ta un cristian. Tabatin varios hende cu no a gusta e predicashi aki tampoco!
Pero e problema mas grandi cu sr. Sheetz a hay'e aden tabata tocante bautismo di baby. Den e dianan ey tabatin varios hende cu kier a batisa nan baby, pero ora nan a acerca sr. Sheetz pa batisa nan, el a nenga y a bisa nan cu Bijbel no ta permiti bautismo di baby, pasobra un baby no por tin fe pa kere den Cristo como su Salbador. E hendenan a rabia y e miembronan di Kerkenraad a bisa sr. Sheetz cu e predicashi di e diadomingo ey lo ta su ultimo predicashi den Kerki na Piedra Plat! Pero si e kier sigui predica, e mester sigui e reglanan di Kerkenraad. Sr. Sheetz a bisa nan cu e ta predica for di Palabra di Dios y ta haci loke Palabra di Dios ta bisa y a acepta pa no predica mas den Kerki na Piedra Plat.

E hendenan cu a converti durante e predicashinan di

sr. Sheetz tabata: sra. Olinda Weller, sra. Dina Croes, srta. Vera Bareño y señores Johan Croes, Janchi Croes y Frits Craane. Cu e cristiannan aki sr. Sheetz a cuminsa Iglesia Evangelica.

Na october 1946 sr. Sheetz a tene tres predicashi na cas di mama di sra. Dina Croes, esta sra. Sofia Croes, miho conoci como 'Ma Chuchu'. Despues tabatin sirbishi cu predicashi na cas di sr. Johan Croes. Dia 24 di september y dia 31 di december 1946 sr. Sheetz a tene sirbishi y predicashi na cas di sr. Ishi Croes. Y na aña 1947 e sirbishinan cu predicashi a cuminsa anochi na cas di sra. Dina Croes na Casibari 18.
Predicashinan anochi riba caya a cuminsa na aña 1947. Den Windstraat na Playa sr. Sheetz a predica bou di un palo di kwihi grandi, na unda despues a bin e parkeerplaats di Ennia y Banco ABN. Aki ta e luga caminda sr. Rigoberto de Windt a tende e mensahe di salbacion pa prome biaha. Prome cos cu sr. Sheetz a haci tabata pinta un misa, un pastor y un Bijbel na cadena. Despues el a cuminsa predica salbacion pa medio di Hesucristo for di Bijbel y a duna splicacion pakico Iglesia Catolico tin e Bijbel na cadena. Mientras e tabata splica cu hende ta haya salbacion solamente pa medio di fe den Cristo, algun hende grandi y mucha a cuminsa bati riba bleki y tira piedra. Sr. Sheetz no a haci caso di nan y a sigui predica. Despues di algun minuut e desordo a stop y tur esnan cu tabata haci desordo a cuminsa scucha e predicashi.
Despues di algun dia tabatin un predicashi anochi riba caya den Rancho y durante di dunamento di testimonio

door di algun hende cu a converti, a cuminsa un bringamento entre dos hende muhe cu a bin pa scucha. Pa motibo di e bringamento aki, Gezaghebber Kwartsz despues di algun dia a haya ordo di Gouverneur Kasteel pa stop e predicashinan riba caya pa evita desordo.

Gezaghebber a bisa sr. Sheetz cu e por sigui cu e predicashinan, pero mester tene esakinan riba tereno priva y no mag stroba trafico. Por uza 'loudspeaker' tambe, pero e mester ta den un cas. E prome cas na Oranjestad na unda a tene sirbishi anochi pafo den cura, tabata na cas di sra. Maria Wijngaarde riba Klip.

Na cas di sr. Sheetz den Wilhelminastraat tabatin for di aña 1946 sirbishi di oracion durante siman y diadomingo mainta tabatin sirbishi cu predicashi for di Palabra di Dios. Sr. Robert McClain a yega Aruba dia 12 di maart 1947 y a bay biba na cas di sr. Sheetz den Wilhelminastraat. E mesun aña ey a cuminsa cu 'Hubentud pa Cristo' den cas di sr. Sheetz. E hobennan tabata reuni tur diabierna atardi pa 4or.

Na augustus 1947 sr. Sheetz y sr. McClain a muda for di Wilhelminastraat pa Klipstraat, na cas di dos piso cu ta keda patras di Aruba Trading Company. E cas aki a haya e nomber di 'Casa Evangelica'. Tur diahuebs anochi tabatin oracion y studiamento di Bijbel y diabierna atardi pa 4or tabatin reunion di 'Hubentud pa Cristo'. Diadomingo mainta tabatin sirbishi. E cantidad di hende cu tabata bay e sirbishinan di diadomingo mainta tabata 77.

Un bes pa luna, riba diadomingo anochi tabatin sirbishi na Piedra Plat na cas di un ruman cu a converti. Na cas di sra. Dina Croes e sirbishinan di diadomingo anochi a crece. Tambe tabatin sirbishi na Oranjestad na cas di famia Pimienta.

Na San Nicolas tabatin sirbishi na cas di famia George Boekhoudt y den Lago Colony na cas di famia Kimler.

Sr. Sheetz a laga Aruba dia 6 di november 1947 y a bay traha na Venezuela den trabou di Señor.

Sr. Vondal L. Martin a yega Aruba como predicado den luna di november 1949. Un otro predicado cu a yega Aruba den luna di januari 1951 tabata sr. Earl Ressler. Sr. Richard Ekstedt tambe a yega Aruba na aña 1951.

Na november 1951 sr. McClain a muda for di 'Casa Evangelica' pa e edificio riba 'Marine Hardware Store' cu tabata pertenece na sr. Frits Craane. E edificio aki a bira despues 'Unicon N.V.'. Aunke paden di e edificio no tabata completamente cla, toch a tene e sirbishinan y aki e cantidad di hendenan a subi for di 77 pa 131. Den e edificio aki zondagsschool a cuminsa.

Sr. Edgar Martens a yega Aruba na aña 1952 como predicado y e mesun aña a cuminsa busca tereno pa traha e iglesia. Na Mon Plaisir a haya tereno y a cumpra esaki for di sr. Lope Beaujon. E acta di e tereno a pasa dilanti notaris Thijssen dia 25 di juni 1952. A drenta e edificio na Mon Plaisir banda di 15 di mei 1955, mientras cu e iglesia a keda dedica dia 9 di juli 1955. Dia 10 di juli 1955 sr. Martens a bay Bonaire pa reemplasa sr. Ressler cu a bay cu verlof.

Sr. Bruce Bromley a yega Aruba dia 1 di september 1955 como predicado y despues a sigui tres pastor nacional cu ta sr. Bicento Henriquez, sr. Hipolito Zievinger y sr. Jose (Doodle) Sophia.

Ta importante pa menciona cu entre aña 1955 pa 1956 tabata pasa e predicashinan na 'Voz di Aruba'. Nan tabata graba un sirbishi special y sr. Frits Craane tabata duna e mensahe.

For di aña 1958 cu Radio Victoria a cuminsa cu transmision, tabata graba e sirbishi di diadomingo mainta den Iglesia Evangelica na Mon Plaisir y pa 1or di merdia tabata pas'e na Radio Victoria como 'Iglesia di Aire'.

E Comienso

CAPITULO 20

HISTORIA DI IGLESIA ALIANZA EVANGELICA 'ORANJESTAD'

1Tesalonisensenan 1:4-5
"Sabiendo, rumannan stimá pa Dios,

ku El a skohe boso; pasobra nos evangelio no a yega serka boso den palabra so,

sino tambe den poder i den Spiritu Santu i ku plena konvikshon;

meskos ku boso sa ki sorto di hende nos tabata meimei di boso pa boso kousa".

Tur cos tin un cuminsamento. Nos sa cu no por tin un futuro, sin un pasado. Ta bon pa celebra, ma tambe ta bon pa evalua. P'esey, laga nos haci asina!

IAEO inaugura na 1952

Con Iglesia Alianza Evangelica di Oranjestad a cuminsa? Ken tabata e prome hendenan cu Dios a guia pa bin establece un obra Alianza Evangelica riba un isla asina chikito manera Aruba, insignificante podise compara cu e continentenan grandi den mundo? Kico tabata e circunstancianan rond di e decision pa cuminsa un obra aki na Aruba? Con e obra aki a sigui desaroya door di tur e añanan cu a pasa? Esaki sigur ta algun di e preguntanan cu nos a yega di puntra nos mes.

Nos no ta pretende cu esaki ta un relato perfecto y completo. Pa cuminsa, no tin mucho informacion den nos archivonan, y e memorianan poco poco ta cuminsa faya. Ma e meta di esaki ta pa e lector haya un relato di evento i experencianan como un "recuerdo", cu ta duna un idea con e obra aki a cuminsa y con esaki a sigui desaroya door di e añanan cu a pasa.

Si tin cualke eror, sea den loke ta skirbi of den loke no ta skirbi, no a haci esaki intencionalmente.

E ta simplemente un relato historico cortico di e misioneronan cu a principia e obra aki, pa e pastornan local cu a tuma over e liderato di e obra, y tambe pa tur e creyentenan precioso, pa nan por haya e relato aki den nan man pa nan les'e y pas'e pa nan yiunan, pa e yiunan les'e y sigui pas'e over di generacion pa generacion.

Storianan y fechanan por varia un poco di un persona pa otro, ma tumando e relatonan di varios rumannan di prome aya y di esnan mas recien, nos a trata di duna boso e historia di e Iglesia Alianza Evangelica di Oranjestad den e forma mas corecto posibel.

Inicio di Iglesia Alianza Evangelica Oranjestad

Den temponan pasa, bapornan rumbo pa Venezuela tabata para na Corsou pa reparacion. Asina misioneronan na caminda pa Venezuela tabata baha di transito, y tambe ora cu nan mester a sali fo'i Venezuela pa renobacion di visa, nan a bira consciente di e necesidad spiritual di e pueblo na Corsou. Segun historia den e Buki di Historia di Scandinavian Alliance Mission (SAM), compila y edita door di J.F. Swanson na 1950, e ta bisa na pagina 328:

> E misioneronan cu tabata traha na Venezuela y Colombia a desea di evangelisa pueblo di Corsou, ma no tabatin hende pa haci esey! Sinembargo nan a haci oracion pa e necesidad ey!
>
> Protestantnan Hulandes na Corsou y nan amistadnan tabata insistente invitando SAM pa bin traha entre e pueblo. Dia 21 di maart, 1931 algun misionero a reuni cu T.J. Bach pa busca Dios, cu como resultado: A apunta sr. y sra. E. O. Paulson pa Corsou, sigui pa sr. y sra. George C. Barville. Y a apunta sr. y sra. G.A. Holmberg pa cuminsa un obra na Aruba!

Sr. Holmberg y su señora a bin Aruba y nan tabata yuda e Kerki Protestant. Famia Paul Sheetz kende tabata candidato misionero pa India, pero door di e di dos guera mundial, soberania di Dios a cambia nan plan pa yega Corsou na cabamento di aña 1943. Nan a siña Papiamento y a yuda famia Barville, cu ya tabata na Corsou for di aña 1936.

Pa medio di e contacto cu sr. Holmberg tabatin cu Iglesia Protestant, famia Sheetz a keda invita pa bin Aruba, cual a haci e creyentenan na Kerki masha contento ora nan a tende cu nan ta haya un predicado cu ta predica na Papiamento, siendo cu nan tabata keda hopi tempo sin Domi!

Famia Sheetz a bin Aruba na fin di aña 1945 y tabata biba na Wilhelminastraat 33, unda tabata "Tina Boutique". Nan a haci amistad cu rumannan di e Kerki Protestant di Playa cu antes caba ya tabatin contactonan cu sr. Bach y Holmberg.

> Sr. Sheetz ta relata: "Mi a predica algun biaha den Kerki Protestant di Playa na idioma Ingles. Despues Kerki di Playa a haya un domi fo'i Hulanda. E rumannan tabata bisa cu sr. Sheetz tabata predica fuerte cu hende mester arepenti di nan picanan y kere den Cristo Hesus como nan unico Salbador. Varios hende a kere i nan bida a transforma! Ma tension a bin entre Kerki di Playa y Kerki di Piedra Plat!" Tambe sr. Sheetz a conta: "Nos tabatin un estudio di Bijbel den nos cas situa den Wilhelminastraat. Tabata asisti aki tambe mas of menos dies hende di e Kerki di Playa, e famia conoci di Addison Croes, famia F.W. Craane y yiunan, Olga Henriquez, Tuti Eman y Jan Beaujon, kende tabata sua di sr. Craane, esta ruman di su esposa, Meme Craane. Mientras tanto tambe nos tabatin un klas di zondagsschool y predicamento na Kerki Protestant di Piedra Plat. Mi yiu Virginia a nace den e cas na Wilhelminastraat, 11 december 1945."

Despues Kerkenraad a cuminsa bira dudoso pensando ku Sheetz nan lo kita e iglesia for di nan, y tambe pasobra sr. Sheetz tabata predica fuerte contra alcohol y contra bautismo di baby. Pa e motibu aki nan a stop sr. Sheetz di predica y su siguiente diadomingo e creyentenan hunto cu Sheetz a haya porta di iglesia di Piedra Plat cera pa nan. Esnan ku a dicidi di sigui Cristo tambe a sali huntu ku famia Sheetz. Entre otro famia Croes y famia Craane. Asina Iglesia Alianza Evangelica a cuminsa na Aruba.

Oposicion, sirbishi den casnan y den aire liber

Famia Sheetz a cuminsa reuni na cas di e hendenan na Piedra Plat. Esey tabata ora cu e miembronan original a ricibi Señor Hesucristo como nan Salbador. E prome creyente tabata Vera Bareño, yiu di Nandjo y Binbin Bareño, kende mas despues a casa cu Oswaldo Croes. Otro di e prome creyentenan tabata Olinda Weller, Dina Croes, Johan Croes (Bubu), Ishi Croes y Janchi Croes. Fritz Craane a kere mas despues na Playa. Cu e rumannan aki y algun otro mas a funda Iglesia Alianza Evangelica; conoci awe como 'Iglesia Alianza Evangelica di Oranjestad'.

Sirbishinan a sigui den diferente cas. Por menciona cas di sra. Sofia Croes, conoci como "Ma Chuchu" (mama di Dina Croes); Johan Croes; Ishi Croes, y algun otro. Dios tabata bendiciona e predicashi di Su Palabra. E grupo tabata crece poco poco. Predicamento riba caya den Playa a cuminsa na aña 1947 bou di un palu di kwihi na Windstraat, unda awe bo ta haya e parkeerplaats di R.B.C. Bank y Ennia. Aki ruman Rigoberto de Windt a tende Evangelio pa di prome biaha y a kere. "Aki ta e luga na unda mi persona, Rigoberto de Windt, a tende e mensahe di salbacion pa prome biaha." E ta conta tocante di e sirbishinan ey: "Promé cos cu sr. Sheetz a haci tabata pinta un misa, un pastor y un Bijbel na cadena. Despues el a cuminsa predika salbacion pa medio di Hesucristo for di Bijbel y a duna splicacion pakico Iglesia Catolico tin e Bijbel na cadena. Mientras e tabata splica cu hende ta haya salbacion solamente pa medio di fe den Cristo, algun hende grandi y mucha a cuminsa bati riba bleki y tira piedra. Sr. Sheetz no a haci caso di nan y a sigui predica. Despues di algun minuut e desordo a stop y tur esnan cu tabata haci desordo a cuminsa scucha e predicashi."

Tabatin tambe sirbishinan den aire liber un bes pa siman pa mas of menos un aña, y sr. Sheetz ta conta cu den un di e sirbishinan ey na Rancho, tabatin bringamento, y sr. Sheetz a haya orden pa termina cu sirbishi riba caya. Sinembargo, Gezaghebber Kwartz, amigo di sr. Sheetz, a bis'e cu e por sigui cu sirbishi riba tereno priva, den cura di hende, pa asina no stroba trafico. E prome sirbishi asina tabata den cura na cas di Maria Wijngaarde riba Klip den Oranjestraat.

Rumannan na Casa Evangelica

Robert (Bob) y Marge McClain a yega Aruba dia 12 di maart 1947 pa reemplasa sr. y sra. Sheetz na Wilhelminastraat 33, pa gradualmente tuma over e encargo di e obra cu sr. Paul y Charlotte Sheetz a cuminsa. Na luna di augustus 1947 famia Sheetz y McClain a muda di Wilhelminastraat pa Klipstraat, na un cas di dos piso cu ta keda patras di loke tabata Aruba Trading Company.
E cas aki a bin haya e nomber di CASA EVANGELICA.
Tur diahuebs anochi tabatin oracion y studiamento

di Bijbel. A cuminsa cu "Hubentud pa Cristo" aki. E hobennan tabata reuni riba diabierna atardi pa 4'or. Diadomingo mainta tabatin sirbishi, y ya e cantidad di hende cu tabata asisti a bira 77. Prome cu famia Sheetz a bay Venezuela dia 6 di november 1947 pa sigui den e trabou di Mision TEAM den publicacion di material den e idioma Spaño, sr. Sheetz a traduci e cantica "Amor di Dios". Un poco prome cu famia Sheetz a muda pa Venezuela, sr. Sheetz a batisa 26 creyente nobo. Ki un bendicion!

NOTA: Soberania di Dios ta saca hende fo'i India cu tabata consisti di miyones di hende durante guera pa destina nan pa establece un Iglesia di menos cu 40 persona, riba un isla chikito di menos cu trinta mil habitante (1 Tesalonisensenan capitulo 1)!

Dia 31 di augustus 1947, sr. Bicento Henriquez a asisti pa di prome biaha na Casa Evangelica na Oranjestad y a tende e predicamento di sr. Sheetz. Sr. Henriquez ya prome caba a tende e testimonio di sr. Benancio (Nandjo) Bareño na trabou den Lago. El a tende e Evangelio cla presenta den sr. Bareño su testimonio y el a mira e transformacion di su hefe na trabou den Lago. Durante e ora di merdia, sr. Bareño tabata sinta den aire fresco y tabata lesa Scrituranan na Papiamento cu bos halto, pa ken cu kier por a tende y haci pregunta. Bicento a cumpra un Testament Nobo y a cuminsa lesa y a kere prome cu el a asisti na un sirbishi di sr. Sheetz, 31 augustus 1947.

Sr. Vondal y sra. Roberta Martin a yega Aruba como misioneronan den e luna di november 1949 pa siña Papiamento y despues bay na e isla di Corsou. Notabel ta cu sr. Vondal Martin a haya yamada di Dios pa mision y a dedica su bida pa sirbi Dios como misionero. Pero su mayornan a bis'e cu e no ta bay ningun caminda bay muri entre hende pagano. Varios aña a pasa cu Vondal tabata haci oracion pa Dios habri porta. Dios a contesta su oracion asina aki: "Su mayornan tabata biaha den auto cu Mama y Tata sinta dilanti. Un accidente a tuma luga matando su tata y mama mesora!" Asina Vondal L. Martin y Bobby tabata liber pa bay Aruba y Corsou como misionero!

Famia Martin a biba na Casibari 18, y a yuda den e obra na Piedra Plat y Klipstraat cu predicamento y musica. Vondal y Bobby tabata violinista y nan tabata un bendicion grandi uzando e talento aki mientras nan tabata siña Papiamento. Despues di mas of menos un aña, TEAM a manda nan Corsou pa planta Iglesia.

Dia 29 di november 1949, srta. Betty Ratzlaff a yega Aruba y a biba huntu cu famia McClain na CASA EVANGELICA, y a cuminsa studia Papiamento cu Sr. McClain como su maestro. Betty a keda traha cu Iglesia Alianza Evangelica desde su yegada pa 31 aña y mey. El a traha den diferente ministerio den e obra di Iglesia Evangelica di Oranjestad, den siñansa y tambe musica. E creyentenan tabata masha entusiasma y activo. Sirbishi den barionan, segun e archivonan, pa un tempo a sigui un bes pa luna riba diadomingo anochi na Casibari 18, unda sra. Dina Croes tabata biba. Ma a cambia esaki pa diabierna anochi, ora sirbishinan a cuminsa riba diadomingo anochi na Playa. Na Oranjestad tabatin sirbishi na cas di famia Pimienta, y na San Nicolas na cas di George Boekhoudt y na cas di famia Kimler na Lago Colony. Den Rancho na cas di sr. Nicolas y sra. Petra Tromp, na Dakota na cas di sr. y sra. Bubuchi y Chanita van Engelen, na Simeon Antonio, na Papilon, etc. Tabatin un campaña evangelistico grandi riba e cancha di tennis di Tarabana, na unda sr. y sra. Jim Savage a provee musica di Trombone y Vibraharp, y tambe Jim a predica. Asina nos por sigui menciona.

Crecemento den asistencia

Robert Y Marge McClain Pionero IAEO

Na luna di november 1951 famia McClain y srta. Betty Ratzlaff a muda for di CASA EVANGELICA pa e edificio riba MARINE HARDWARE STORE, cu tabata pertenece na sr. Fritz Craane. No por lubida con hendenan tabata yama nos lugar riba e edificio ey: "MISA DI CRAANE!" E edificio ey te cu algun aña pasa tabata conoci como "UNICON NV".

Aunke e paden di e edificio no tabata completamente cla, toch a tene e sirbishinan, y aki e cantidad di hende cu tabata asisti a subi den tempo corto di 77 pa 174. Y e lugar a bira chikito. Den e edificio ey, zondagsschool

Misionero Robert McClain huntu ku un grupo di homber.

a cuminsa. Marge McClain y Betty tabata traha dia aden dia afo pa traduci coritonan y canticanan pa tur e diferente sirbishinan y pa e koor cu a cuminsa aki den e edificio di Craane.

Tambe den e edificio aki e reunionnan y actividadnan di hubentud a sigui crece. Tabatin hopi actividadnan pa nan, ma e meta principal tabata pa stimula e interes pa studia e Palabra di Dios. Tabatin tur sorto di quiz, y a forma team pa encurasha otro den e estudionan. Ta akinan tambe e prome Comite oficial a ser scogi: sr. Bicento Henriquez, sr. Rigoberto de Windt y sra. Aura Croes (Berg) tabata forma e Comite. Hasta un ceremonia chikito tabatin pa duna nan e reconocemento aki. Sr. y sra. Martens y srta. Betty tabata yuda nan cu conseho pa programanan y actividadnan.

E koor a cuminsa cu 20 persona: 12 dama y 8 homber. Betty Ratzlaff tabata guia y sra. Ruth Martens tabata e pianista. Grandi of chikito, ma semper tabatin un koor adulto di hende homber y muhe. E koor tabata un bendicion grandi den e Iglesia pa e sirbishinan di adoracion di mainta, pasobra e tabata provee un atmosfera di reverencia y kietud dilanti Señor. Door di e añanan, e koor a siña canta Cantata di Pasco y musica dedica pa Pasco Grandi, Mision y Programanan special. Nan a siña y a presenta "The Hallelujah Chorus" di Handel. Te hasta nan a canta na Voz di Aruba. Nan tabatin un ministerio bunita, esey ta sigur. Musica tabata masha importante den e obra. Durante e siguiente añanan a pone hopi enfasis riba siñamento di canta den tur cuater stem (soprano, alto, tenor y bas), y mas despues siña toca instrument. Ademas di un koor, a forma tambe un cuarteto masculino (Leo y Luis Tromp, Calvin Jackson y Bicento Henriquez) y a canta hunto pa basta tempo, nan a canta na Iglesia, tambe na Radio; a forma un trio mixto; un trio femenino; un duo y varios solista. Di e manera ey tur e sirbishinan tabatin masha hopi variacion den cantica special. Tambe e variacion ey tabata un gran yudansa pa e Programa di Radio "Iglesia di Aire" cu tabata pasa na Radio Victoria cada diadomingo atardi un or djis despues di nos sirbishi di adoracion. Tambe tabata prepara, practica y presenta comedia na cual te cu 400 pa 500 hende tabata asisti.

Laga nos bolbe awor na aña 1951. Pianista desde e tempo di famia Sheetz te cu aña 1981 tabata: Charlotte Sheetz, Marge McClain, Betty Ratzlaff, Ruth Martens, Stella Weller, Kenneth Leiden, Muriel Mosher y Hilda Boorsma. Ta na su lugar pa menciona cu Stella Weller como mucha a cuminsa siña toca piano y acordeon cerca srta. Betty. Stella a toca fiel na tur sirbishi (mainta, anochi, diarason), pa koor, club, campaña, campamento, for di e edad di 12 aña te na aña 1980 y pico, fuera di esey a sigui cu su trabou di tur dia na Cultureel Centrum.

Sr. y sra. Earl & Ruby Ressler tambe a bin na aña 1951 y nan a studia Papiamento y a yuda den e obra mientrastanto. Di 1952 te na 1961 pariba, algun hoben a cuminsa bay studia na Institutonan Biblico. Janchi Croes a bay "Moody Bible Institute" na Merca (school unda Robert y Marge McClain a studia y gradua) y Philo Brandon, Stella Weller, Irena Tromp, Hèlêne Labadie, Lily Labadie y Juanita Henriquez a bay "Prairie Bible Institute" na Canada (unda e misioneronan sr. y sra. Ressler, srta. Betty Ratzlaff y srta. Lillian Mikkelson a studia y gradua). Marjorie Croes a bay "Caronport" na Canada (school unda Edgar y Ruth Martens a studia). Otro hobennan a bay Instituto Ebenezer na Venezuela. Nan tabata Polito y Gloria Zievinger, Ida Bareño, Dora Croes, Beatrice Dijkhoff y Linda Kock.

Trahamento di edificio propio

Tereno pidi y tereno haña 1952

Edgar y Ruth Martens a yega Aruba dia 2 di mei 1952 y a biba den e residencia riba e edificio di sr. Craane "Marine Hardware Store". Sr. Martens y sr. Craane tabata papia hopi tocante e necesidad di un tereno pa lanta un edificio. Den e mesun aña aki, e directiva di e Iglesia di Oranjestad, e rumannan, y e misioneronan, a cuminsa haci oracion y busca un tereno pa traha un edificio pa e congregacion cu tabata reuni hunto ariba e edificio di sr. Craane na Havenstraat. A haya un pida tereno na Mon Plaisir cu tabata di sr. Lope Beaujon, y a haci e acto di pasa e tereno aki dilanti notaris Thijssen dia 25 di juni 1952.

Sr. Edgar Martens a keda encarga cu e trabou como director y constructor principal. Rumannan cu ainda ta bibo awe por testigua di e bunita cooperacion y harmonia cu tabatin durante e tempo cu e edificio tabata bay laira. Ta imposibel pa menciona tur e rumannan homber y muhe cu a pone man na obra. Algun pa añanan a duna di nan tempo pa yuda traha duro riba e edificio. Tabata ruman Bubuchi Van Engelen cu a hinca e shobel den tera pa simbolisa e cuminsamento di e cobamento di e fundeshi! Nos rumannan manera Betto Boekhoudt, Leo Tromp, sr. Labadie, sr. Bernabela y Johan Kock a traha den dia y tabata bin traha despues di trabou pa asina e edificio keda cla mas lihe posibel, cu Sr. Edgar Martens na cabes. Sra. Ruth Martens tabata ocupa organisando asuntonan di cuminda y pasaboca pa e trahadonan.

Construccion cu diligencia

E congregacion a cuminsa reuni den nan edificio nobo na Mon Plaisir dia 15 di mei aña 1955, ma ta dia 10 di juli 1955 a dedica e edificio na Señor den un sirbishi simpel y bunita, na cual e fundado di e obra, sr. Sheetz, tambe tabata presente. Despues di esaki famia Martens a bay Boneiro.

Despues di a drenta den e edificio nobo na Constantijn Huygenstraat # 17, e prome Comite di Ancianonan a keda nombra, kendenan tabata: sr. Benancio Bareño, sr. Fritz Craane y sr. Bicento Henriquez. Nan a tuma e encargo di guia e creyentenan. Asistencia a crece rapido y zondagsschool tambe. Unda pone tur e muchanan? Tabatin un cas bieu bandona eytras cu tabata di ruman Hermando Tromp, y el a permiti nos pa haci e cas limpi y nos a uz'e tanten como lugar pa algun di e klasnan di zondagsschool, aunke e casita no tabatin dak! Si awa yobe mester a core paden! Con primitivo cosnan tabata, ma ki un entusiasmo tabatin! Pronto e rumannan a mira cu nos mester extende e iglesia y a traha plannan pa un edificio di zondagsschool! Atrobe cu e ayudo boluntario di hopi ruman y misionero, esey tambe a bira realidad. Y ki bendicion e lugar ey a bira te cu e dia di awe.

CAPITULO 21

RADIO VICTORIA, IMPRENTA Y LIBRERIA

Durante e periodo di augustus 1955 pa december 1956 srta. Lillian Mikkelson a bin Aruba for di Corsou pa asisti den e obra di e Iglesia di Oranjestad, pasobra famia McClain mester a sali for di Aruba pa motibonan medico, y ta srta. Betty Ratzlaff y famia Bromley so a keda den e obra.

Den e añanan aki (1956 pariba) e misioneronan cu a keda y sr. Fritz Craane a cuminsa papia di e posibilidad pa establece un emisora di radio cristian. E simia, cu un dia lo establece un stacion di radio pa plama e Evangelio, a spreit aki. E posibilidad aki tabata papia den e reunionnan di directiva di Iglesia, hunto cu e misioneronan. Nan a cuminsa negocia cu Gobierno encuanto e posibilidad ey, y e proyecto a cuminsa. Sr. Craane tabata conoce hopi personanan den Gobierno cu por a yuda nos den esaki.

Durante e tempo aki, sr. McClain a cuminsa papia tocante e necesidad di un imprenta y un libreria cristian tambe. Prome cu nan a sali for di Aruba, sr. McClain a habri un Print Shop y alabes un Book Shop den un edificio di sra. Eman den Wilhelminastraat. Ora famia McClain mester a bay Merca pa motibo di malesa, e Print Shop a bay den Iglesia (unda e balcon ta actualmente) y e libreria a bay den un edificio di sra. Eman den Nassaustraat, pa 50.00 florin pa luna. Rumannan Betty Ratzlaff y Bonnie Yost tabata responsabel pa e trabou. Tambe hende local manera sra. Dora Croes y sra. Linda Kock a traha hopi aña den e libreria.

Tambe nos tabatin e privilegio di tin un programa na Voz di Aruba. Aki sr. Bicento Henriquez tabata predica y e hobennan a provee e musica. Ki un tempo dushi nos tabatin – esey ta sigur. Tabata un tempo di siña, madura y traha den harmonia.

Radio Victoria y Libreria Victoria tin nan propio historia, cual no ta cubri aki. Ma cu tempo TEAM a bende e libreria cu e Iglesia di Oranjestad, y e Iglesia a bira doño di dje. Ora cu e libreria mester a entrega e luga bek na sra. Eman, e oficina den e Iglesia di Oranjestad, a bira "Libreria Victoria". Serapio y Ingrid Weller tabatin e encargo di dje. E tabata habri prome cu tur sirbishi y tambe despues. Na aña 1982, Iglesia a bend'e cu sra. Angelica Croes, kende ta e doño y manager di dje te cu e dia di awe. E Print Shop a bay na un edificio banda di Radio Victoria bieu (na Sabana Basora) y a keda ey te ora cu a transferi esei pa Corsou, conoci como Editorial Evangelica.

Den e siguiente añanan, hopi misionero a bin pa haci e trabou na Radio Victoria, kendenan a asisti na sirbishinan na Iglesia di Oranjestad y a yuda den siñansa y musica. Sr. Norman Mydske hunto cu su señora Valerie tabata e prome director cu a guia e trabou na Radio Victoria. No mucho despues, Jim y Helen Pietsch y famia a yega, y Jim a bira e director. John y Muriel Mosher y Hilda Boorsma Wootton a traha na Radio y a yuda Iglesia cu musica segun cu nan tabata por. Sr. & sra. Pietsch a yuda den e obra Ingles na Oranjestad. Sra. Dorothy Williams tabata di gran yudansa den e obra Ingles. Tambe a bin misioneronan pa yuda na Centro Juvenil Washington, cual tambe ta obra di Iglesia di Oranjestad, y nan tambe a yuda na Iglesia, manera Joe & Olga Reimer y Doug & Karen Duigood.

Radio Victoria (RV) en cambio tabata depende tambe riba creyentenan di e congregacion di Oranjestad. Por ehempel: sr. Leo Tromp tabata e prome pa laga su trabou den Lago pa bay traha como operador na RV. A sigui sr. Serapio Weller cu a laga su trabou na Banco pa traha na RV. Sr. Luicito Tromp a traha como operador, sra. Irena Tromp den oficina, sr. Ripoldo Croes (part-time) y sra. Elfrida Enzer den oficina. Sr.

Bicento Henriquez tambe a laga su trabou den Lago pa bay traha den programacion. Ruman Dora Tromp tabata responsabel pa "E Ora Adventuroso", y "E Mundo Femenino" tabata na encargo di sra. Susana Bennett. Sra. Ingrid Zievinger-Weller tambe a traha den oficina. Pakico menciona tur esaki den e relato aki? Pa por mira con Iglesia di Oranjestad y Radio Victoria tabata mara un den otro na principio.

Ruman Dora Croes y Ida Bareño, despues cu nan a gradua na Instituto Biblico Ebenezer na Venezuela, a bira e prome dos secretarianan local, pa yuda den e Iglesia den preparacion di les di zondagsschool, huntu cu misionero. E Print Shop (segun nos a yam'e) tabata pa un tempo caba ariba den balcon di iglesia y sr. Martens tabata traha cu e imprenta. Ruman Ida, Betty y Dora tabata traha material pa zondagsschool. Manera menciona caba e Print Shop a muda pa Sabana Basora y despues a bira Editorial Evangelica y a muda bay Corsou.

Srta. Bonnie Yost a yega bao guia di TEAM y e tabata designa pa yuda na Oranjestad. El a bin na 1958 y a studia Papiamento bao srta. Betty Ratzlaff, y a asisti na e Iglesia di Oranjestad y a yuda den Libreria Victoria. El a yuda cu transportacion, cu siñansa den klasnan, y tambe den e prome campamentonan na Plantashi Tromp. El a keda yuda na Oranjestad te mas of menos 1964. El a uni cu un grupo Pentecostal cu a separa for di Oranjestad, ma despues di poco tempo el a bolbe Merca.

CAPITULO 22

MINISTERIONAN Y ACTIVIDADNAN

Prome pastor local

Na aña 1959, e directiva di Iglesia Alianza Evangelica di Oranjestad, cu e mandato di e miembresia a acerca y invita sr. Bicento Henriquez, cu tabata anciano caba y tabata predica riba diadomingo mainta, pa bira nan pastor. Cu hopi temor dependiendo riba guia di Spiritu Santu y sosten di rumannan, el a acepta. El a considera cu tabata un gran privilegio pa e tuma encargo di e obra na Iglesia di Oranjestad. Pastor Bicento Henriquez tabata e prome persona local pa tuma encargo di pastor, cual el a haci te na 1981.

Dia prome di september, di mesun aña 1955, sr. Bruce Bromley y su señora Julie a yega Aruba. Sr. Bromley a keda di september 1959 te 1961, ora nan a muda pa Corsou. Sr. Bromley tabata yuda Pastor Bicento den su prome preparacionnan di mensahe, cual tabata di encurashamento p'e.

Voz di Aruba: Tambe nos tabatin e privilegio di tin un programa na Voz di Aruba. Sr. Bruce Bromley tabata prepara e mensahe pa Pastor Henriquez na cuminsamento cu estilo Mericano cu interpretacion y ilustracion. Ma como cu e ilustracionnan tabata tocante baca y cunucu Mericano cu Pueblo Arubano no por a asocia cu n'e, sr. Bicento a pidi Sr. Bromley pa laga Bicento mes prepara e mensahenan. Asina e mensahenan tabata mas comprendibel pa nos hendenan. Aki sr. Henriquez tabata predica y e hobennan a provee e musica. Tabata un tempo di siña y madura!

Sr. Bicento a keda como pastor pa e siguiente 21 aña pa misericordia y gracia di Señor. E tabata un tarea largo y no facil. Ma semper gracia di Dios tabata suficiente.

Bishitamento y Evangelisacion

Esaki tabata un prioridad. Diabierna tabata aparta pa sali bishita, testifica y parti tractado. Un grupo basta grandi tabata bay fiel, mientras algun dama tabata bay tambe den dia. Tabatin hopi sirbishi di evangelisacion den bario uzando loudspeaker, cu musica di acordeon di Stella y Betty, acompañando e congregacion y tambe treciendo cantica special. Nos a reuni na diferente cas di e rumannan tur rond di e isla, manera na Brazil, Seru Patrishi, Ayo, Piedra Plat, Sabana Grandi, Santa Cruz, Papilon, Companashi, Simeon Antonio, Washington y Playa mes.

Reunion di Dama:

Den e aña 1960 a organisa Reunion di Dama cu sra. Vera Croes como e prome presidente. Dios, pa medio di Su Spiritu Santu, a yuda e damanan den nan meta pa trece otro dama na e reunionnan pa tende Evangelio. E directiva tabata fiel den pone meta pa tur reunion: mester tin un mensahe cla di salbacion, y pa asina presenta evangelio na un manera simpel y comprendibel. Como actividad di mision, nan tabata prepara verband pa manda pa clinica y hospitalnan na paisnan pober. Africa tabata un destinacion frecuente pa e verbandnan. Sra. Clea Tromp tabata un di e prome damanan Arubiano pa duna un meditacion. E ta corda cu tabata net den e aña cu tabatin e prome transplante di curason, pues el a traha figura di curason di carton, y a duna un meditacion di e gran amor di nos Dios pa pecador. Clea ta corda esaki cu un sonrisa! Danki Dios cu te cu e dia di awe damanan ta sigui reuni, y ta nos oracion cu nan lo sigui activo den dunamento di e Palabra.

Diferente Clubnan:

Tambe durante e tempo aki a cuminsa e trabou di Club di Mucha na Oranjestad cu tabata yama "Mensahero y Vencedornan" – adapta pa Aruba fo'i

"Pioneer Girls & Boys Brigade International" na Merca. "Mensaheronan" tabata nomber pa esun di mucha muhe y "Vencedornan" pa esun di mucha homber. Nan tabata bisti uniform blauw cu blanco y preto cu blanco. Un promedio di mas di 100 mucha tabata bin tur siman! Si no tabata pa e cooperacion di e creyentenan, lo no tabata posibel pa sigui tanto tempo asina cu e obra aki.

Club den bario:

Tambe tabatin hopi club den bario y hopi ruman tabata yuda manera Marge McClain, Ruth Martens, Betty Ratzlaff, Lillian Mikkelson, Bonnie Yost, Vera Bareño Croes, Stella Weller, Norma Croes, Dora Croes, Gloria Zievinger, Dolorita Geerman, Ursula Henriquez, Linda Soemers, Esther & Ruth Geerman y hopi mas! Ta dificil pa corda tur cu a yuda den klas di bario. Tabatin klas na Simeon Antonio, Piedra Plat, Dakota, Playa, Rancho, Companashi y San Nicolas pa menciona algun! Hopi bes nos a cuminsa cu klas unda nos tabatin un campaña evangelistico. Casi semper asistencia tabata banda di 50 mucha pariba.

Club di cinco dia:

Tambe a cuminsa cu 'Daily Vacation Bible School' na Margriet School, na San Nicolas y Piedra Plat, y tambe "Godsdienst" – un ora na school unda nos por a bay siña e Palabra di Dios. Srta. Betty Ratzlaff a siña basta tempo na Margriet School. Otro yudadonan den e ministerio aki tabata Dora Croes, Stella Weller, Vera

Croes y Bonnie Yost. Nos ta pidi disculpa si nos no ta corda tur nomber. Ma Iglesia ta gradicido na cada un cu a yega di yuda den e trabounan aki. Dios no ta lubida boso trabou haci den Señor.

Reunion di hubentud:

Hubentud a crece y nan a bira hopi. Den e tempo aki, durante e ministerio di Pastor Henriquez, a parti hubentud den dos grupo: Hubentud Menor y Hubentud Adulto. Algun lider cu ta bin na memoria ta: Serapio y Ingrid Weller, Stella Weller, Desiana Williams, Adolf Kock y Betty Ratzlaff.

Cruzada Cas Pa Cas:

Den e periodo di Pastor Henriquez, e rumannan den Iglesia a tuma parti den loke nan a yama Cruzada Cas pa Cas. Sr. White representando "World Literature Crusade" na Merca a bin den un avion chikito y a reuni cu e misioneronan, cu sr. Bicento y algun ruman, y a comparti su plan: Nan lo imprimi un tractado den 4 idioma (Papiamento, Ingles, Hulandes y Spaño), y nos mester a traha un plan con pa alcansa cada cas na Aruba cu Evangelio uzando tractado. E tabata un reto grandi, ma e rumannan a acepta. Nan a pinta un mapa parti den seccion y cada grupo a haya un seccion pa cubri. E damanan tabata sali di 9:00 – 12:00, dos tres bes pa siman y e hombernan tabata bay atardi despues di trabou, y riba diasabra. Ora cu no tabatin hende na cas, tabata nota esey pa bolbe na e cas otro biaha. A dura net 18 luna cu nos a cumpli cu e reto ey! Hopi rumannan a participa den e esfuerso aki y tabatin masha hopi experencia pa comparti cu otro! Den e mesun avioneta y cu e mesun piloto, sr. Bicento Henriquez, Bonnie Yost y Betty Ratzlaff a bula pa e islanan di Corsou y Boneiro pa participa cu e rumannan ey, cu tambe a tuma parti den e obra grandi aki di parti e Evangelio di nos Señor Hesucristo riba nan propio isla.

Telearuba:

Telearuba a duna Iglesia tempo gratis pa un programa televisa. Pastor Bicento Henriquez, Leo Tromp, Stella Weller y Betty Ratzlaff tabata encarga cu esaki. Sr. Henriquez tabata predica mientras cu Leo, Stella y Betty a provee e musica.

CAPITULO 23

LANDHUIS WASHINGTON

1961 – Campamentonan pa Mucha y Hubentud na Plantashi Tromp:

Rumannan Betty Ratzlaff, Ida Bareño y Dora Croes a papia cu otro pa cuminsa cu un campamento. Iglesia a bay di acuerdo. E prome tres campamentonan a tuma lugar na Plantashi Tromp na Noord. E cokinan tabata: sra. Cecilia Zievinger, sra. Marge McClain y sra. Labadie. E tata di sr. Jim Pietsch di Radio Victoria tabata e prome predicado pa campamento di mucha. E tata tabata ya di edad halto, y tabata manera un "Welito" pa e muchanan, kendenan a gusta su lesnan masha. Otronan cu a yuda den e añanan ey di 1961 pa 1963 (cuater campamento) tabata sr. Gonzalez cu e hobennan y sr. William Ratzlaff cu e muchanan. Aña 1963 no tabatin campamento. Misionero Betty Ratzlaff hunto cu rumannan Stella Weller, Irena Tromp y Hélène Labadie a bay Canada pa recauda fondo, presentando e trabou den e Iglesianan. Y e tres hobencitanan a keda ayanan pa un aña pa studia den un instituto "Biblico", mientras Betty a tuma vakantie. Na fin di e aña ey, Stella y Irena a bolbe Aruba cu srta. Betty, ma Hélène a sigui studia.

Iglesia Alianza Evangelica ta cumpra Landhuis Washington

Dia 21 di juli 1964 – Iglesia Alianza Evangelica ta cumpra LANDHUIS WASHINGTON y e tereno rond di dje. Un pida tereno tabata eigendom, y a haya tur su huurgrond tambe, for di e yiunan di Leonardo Johan Macabeo Henriquez. E miembronan di Iglesia di Oranjestad a firma e documentonan: Marcelino Tromp, Alberto Boekhoudt, Bicento Henriquez, Avelina Croes, Antonio Zievinger, W.F.Craane, y Olga Henriquez. Nan a firma representando legalmente henter e famia Henriquez.

Stichting Washington Jeugd Centrum en Evangelisch Weeshuis

Juni 16 1965 tabatin formamento di Stichting Washington Jeugd Centrum en Evangelisch Weeshuis. Miembronan di Iglesia di Oranjestad, Serapio Weller, Bicento Henriquez y Willem Frederick Craane, a forma e stichting aki bao e mandato di directiva y miembresia di Iglesia di Oranjestad. E Conseho di Directiva di e Fundacion aki (conoci como CJW) mester ta mayor di edad y nombra door di e Asociacion di Iglesia Evangelica na Aruba. Nan ta sirbi dos aña y por nombra nan di nobo. Por efectua cualke cambio of disolucion solamente segun un decision di e Conseho di Directiva den un reunion den cual mas cu mita di e cantidad di miembronan ta presente y unicamente despues di a ricibi aprobacion di e Asociacion di Iglesia Evangelica.

E obra di Washington a bira un parti vital di evangelisacion pa e obra di e Iglesia. Tabatin campaña evangelistico den cura di e Landhuis, prome cu a rosa e tereno. Despues di a rosa e luga tabatin sirbishi bao di e palo di kwihi na entrada. Masha hopi hende tabata bin scucha e predicamento di Evangelio. Hopi tabata esnan cu a kere riba tereno di Washington, sea den sirbishi of campamento. Johan y Regina Kock a kere Evangelio y a entrega nan bida na Cristo Hesus den e prome campaña bao di e palo di kwihi.

Iglesia y Centro Juvenil Washington tabata inseparabel den e añanan 1964 pa 1980. Masha hopi actividad tabatin y Iglesia a considera campamento, retiro di pastor, dama, lider, koor hubenil, club, como nan trabou y encargo. Tabatin un promedio di 6 pa 7 campamento pa aña durante e añanan 1964-1980, fuera di otro actividad. Mucha y hoben di San Nicolas, tambe di Corsou y di Boneiro, ariba barco "Niagara", tabata bin nos campamentonan tur aña. Nos a haya hopi yudansa tanto di e misioneronan di Radio Victoria como di esnan di Trans World Radio na Boneiro. Sigur un tempo inolvidabel! E prome cokinan tabata: Calvin Jackson, Marge McClain y Tida Boekhoudt! Calvin a keda e coki mayor te na 1980. El a haci un bon y fiel trabou!

CAPITULO 24

PERIODO DI LUCHA, DIFICULTAD Y CRECEMENTO

No ta tur cos ta bay bon den fundamento di cualkier ministerio. Tin lucha y dificultad. Mester menciona tambe cu den e añanan 1964-1965 a bin un kiebra den e Iglesia. Tabatin algun ruman cu a indica cu nan lo sali for di Iglesia cu e plan pa cuminsa un otro iglesia, un iglesia mas bibo y activo. Pentecostalismo, cu tabata siña tocante hacimento di milager, curamento, papiamento den lenga i saca demoño, a influencia nan. A yega e dia cu nan a laga sa cu nan ta sali pa forma nan propio iglesia. Esaki tabata un sla duro pa e rumannan y a causa hopi sufrimento, y su efecto y consecuencia ta ey ainda te cu dia di awe. Ma danki na Dios Su pordon, misericordia y pasenshi, e Iglesia a sigui cu e lucha y a sigui marcha padilanti. Algun di e rumannan cu a sali, a bolbe, a pidi pordon y tabatin reconciliacion, otronan a muda pa otro pais, y realmente e iglesia cu nan kier a forma, nunca a forma.

Aunke no por corda e fecha exacto, ta den e añanan di 1970 pariba, Pastor Henriquez a cuminsa siña e Palabra di Dios den prizon. E prizoneronan tabatin oportunidad di haci pregunta y tabatin interaccion.

Cada aña e Iglesia tabata provee un Curso di Siñansa pa maestronan, un curso di mas of menos dos siman. Tur maestro nobo mester a tuma e curso aki, y tambe maestronan cu experencia tabata bin pa siña con pa mehora nan metodonan. Esaki a resulta di ta hopi util.

Na 1975, srta. Betty a retira for di Mision, y a traha solamente bao di Iglesia di Oranjestad, y a inscribi srta. Betty na Oficina di Censo (gobierno) como empleada di e Iglesia di Oranjestad.

Durante e temporada 1975-1980, a agrega algo nobo na nos actividadnan: un Koor y Orkesta Hubenil. E hobennan un poco mas jong tabata desea di tin un koor y un orkesta di nan mes. Diferente di nan tabata siña toca instrumentonan, y nan tabata gusta canta tambe. Nan a pidi un tambor. Con haci? Tambor den Iglesia? Wel, den poco tempo a busca un tambor for di Merca! Ma tabatin un regla – nos ta toca na orden y mester obedece e guiador encarga. No por toka ningun instrumento mas duro cu e cantantenan. Nan tabata por acompaña solamente. Pues, tabatin tambor, cimbal, maraca, triangulo, blokfluit, cuarta, guitara electrico (baho) y piano. Nan tabata mas of menos 15 hoben. Mester bisa cu nan tabata un bendicion grandi pa nos tur.

Na 1975 e lidernan di Iglesia a pidi sr. Gilberto Eman cuminsa siña un klas na Spaño. Gilberto tabata e maestro di zondagsschool di e klas aki. Mescos e liderazgo di e Iglesia na aña 1975 a nota cu mas y mas personanan di Haiti tabata asisti na nos sirbishinan di diadomingo mainta. A pidi sra. Olivia Barret pa duna les den nan propio idioma Creole y cu humildad y hayando encurashamento, Olivia a acepta y a sigui guia y siña fiel pa hopi aña. Na aña 1989 a dividi e klas den dos y sr. Peter Davidse a tuma uno over. E ultimo añanan Pastor Beelly Jourdain tin e responsabilidad di duna les na nos rumannan Haitiano den nan propio idioma.

Na juni 1980, srta. Betty Ratzlaff a bandona Aruba despues di a sirbi aki na Aruba pa 31½ aña, y despues di un vacacion, el a sigui traha na Boneiro cu Radio Trans Mundial te na aña 1997.

Na 1981 sr. Bicento Henriquez a entrega su carta di retiro como pastor di Iglesia Alianza Evangelica di Oranjestad. E tabata un carera largo y sr. Henriquez a sirbi e congregacion tur e tempo ey, y tambe e pueblo di Aruba cu su mensahenan na e emisora di Radio Victoria.

E Iglesia a yama Sr. Hipolito Zievinger for di Boneiro pa bin Aruba, pa pastoria e congregacion. Ruman Hipolito a bolbe cu su famia na su isla natal cerca su famianan y su paisanonan. El a sigui cu tur e programanan y actividadnan cu ya tabata na vigor, y a sigui tambe cu e ministerio den prizon, pa duna e Palabra pa esnan cera por tende di Dios Su amor y plan di salbacion pa nan. Un ministerio fructifero, pasobra door di su ministerio den prizon sr. Jose Sophia a tende e Evangelio y a kere. Sra. Gloria Zievinger a traha cu damanan, na campamentonan, retironan, etc.

Na 1984 srta. Lillian Mikkelson a bolbe Aruba pa tuma encargo di e trabou di traduccion, coreccion y publicacion di Bijbel na Papiamento. "Beibel Santu" a keda presenta como Bijbel completo dia prome di mei 1998 den Centro Bolivariano. Ma Lillian a sigui asisti y yuda den e Iglesia di Oranjestad. El a siña klas di Damanan, a sigui cu koor, bishitamento, y a yuda den varios otro ministerionan. Lillian a baha cu pensioen na 1998 y a bay bek Canada y a casa cu Jim Reimann!

Di 1983 pa 1992 nos Iglesia a conoce un grupo uniforma yama "Girls Club" bao guia di sra. Grace Kock. Pa hopi aña e grupo di mucha muhenan aki a reuni riba diasabra y den temporada di Pasco nan tabatin e programa den nan man.

Di 1990 pa 1994 e Iglesia no tabatin pastor despues cu Pastor Hipolito Zievinger a retira. Ancianonan David Batres-Monroy y Jan Diaz y diacononan a dirigi e Iglesia.

Diferente rumannan manera Manuel Oduber, Edwin Tromp, Rigoberto de Windt, Hedwiges Kock y otronan a yuda como predicadonan.

Na oktober 1994 a instala sr. Jose Sophia como e di tres pastor local. E prome pastor local, sr. Bicento Henriquez, a realisa e ordenacion. Durante e periodo aki na aña 1996 e Iglesia a bira un "rechtspersoonlijkheid", desde e tempo ey e Iglesia ta un "vereniging". Na aña 1999 pastor Jose Sophia a retira como pastor.

Durante e añanan 1999 te 2004 ancianonan Peter Davidse, Norman Browne, Adriaan Berg, Maikel Kelly, Beelly Jourdain y diacononan Anselmo Croes, Gilberto Eman, Edwin Tromp, Rivelino Barret a dirigi e Iglesia.

Dia 10 di October 2002 sr. Carlos Perdomo a cuminsa cu sirbishi di cas na Piedra Plat na cas di sra. Adelita Kelly bou di un palo di tamarijn riba diahuebs anochi. Rumannan Marjorie Eman y Shirley Dirksen hunto cu sra. Ruth Perdomo y nan yiu Jimmy a asisti cu canto mientras cu sr. Perdomo tabata toca guitara. Cu tempo sr. Adri Berg a alivia Carlos den predicashi. E grupo a desaroya y a bira un ministerio formal bou di Adri y dr. Michael Kelly como ancianonan di Oranjestad. Nos oracion tabata cu pronto e ministerio aki lo resulta den un Iglesia pa e bario di Piedra Plat y vecindario. Pero na caminda rumbo di e ministerio a cambia, resultando awe un grupo cu tin doctrina contrario cu e Iglesia fundado di Oranjestad!
Na september 2003 Hermano Carlos Perdomo a bin

Aruba pa yuda establece e Centro di Capacitacion pa Lidernan y parcialmente pa yuda den Iglesia Alianza Evangelica Oranjestad. Debi na e necesidad di un pastor pa e Iglesia, na maart 2004 Hermano Carlos Perdomo a asumi e responsabilidad di pastoria e Iglesia tempo completo, como Pastor Carlos Perdomo.

Actualmente Iglesia di Oranjestad tin miembro envolvi den programacion radial: Efraïm Angela, Carlos Perdomo na Papiamento y Spaño, Beelly Jourdain na lenga Creole y Eusebio Petrona cu Norma y Balor y Bida den Berdad na Radio Victoria. Tambe hunto cu Carlos Perdomo sr. Petrona tin un segmento di noticia na TV Canal 22.

Durante e ultimo añanan Iglesia ta trahando cu e programa di OANSA pa presenta Palabra di Dios na mucha di iglesia y cu APEM pa alcansa mucha den diferente bario di Aruba. Tur aña tin Club di Cinco Dia pa mucha na Centro Juvenil Washington.

Comite di Dama y Cabayero tambe ta activo.

Mision: Pa hopi aña Iglesia Alianza di Oranjestad ta sostene misioneronan local den diferente pais incluyendo den islanan ABC mes. Hasta tin un Colombiano, comberti na Oranjestad, studia na Guatemala y sosteni den ministerio na Guatemala. Den Marco 16:15 Hesus a bisa: "Bay den henter mundo y predica Evangelio na tur criatura."
Historia di Iglesia di Oranjestad a cuminsa cu e versiculo

aki:

"Segun e gracia di Dios cu a wòrdu duná na mi, mi a pone un fundeshi manera un arkitekto sabí, y un otro ta trahando riba dje. Ma laga cada hende tene cuidao con e ta traha riba dje. Pasobra ningun hende no por pone otro fundeshi cu esun cu ta poní kaba, kual ta JESU-CRISTO" 1 Korintionan 3:10-11

... den cual ta spierta nos pa tene cuidao con nos ta traha riba e fundeshi cu a pone pa nos. E mester sigui ta e spiertamento pa cada creyente, ma especialmente pa e lidernan scogi pa guia e tou.

E iglesia aki a pasa door di hopi experencianan durante e añanan. Experencianan duru, experencianan contento, ma den tur ocasion Dios Su gracia tabata suficiente semper pa un y tur, y pesey na djE ta bay tur Honor y e Gloria pa semper. Amen.

Directiva di Iglesia Alianza Evangelica Oranjestad, un combinacion di nacionalidad

Iglesia Alianza Evangelica Oranjestad

Pastor Carlos Perdomo: di Trujillo, Venezuela
Anciano Edgar Caseres MD: di Bolivia
Anciano Beelly Jourdain: di Haiti
Anciano Hedwiges Kock: di Casibari, Aruba
Diacono Anselmo Croes: di Kibaima, Aruba
Diacono Eusebio Petrona: di Weg naar Fuik, Curaçao
Cada un cu diferente personalidad ma util pa loke Dios a entrega na nan pa haci: Sirbi!

Cosecha creciendo IAEO

Mucha ta futuro y Speransa

CAPITULO 25

HISTORIA DI 'EVANGELICAL CHURCH OF SAN NICOLAS'

Evangelical Church of San Nicolas

Pa aña 2022 ora nos mira atras riba tur loke Dios a haci den y pa medio di Evangelical Church of San Nicolas, nos curason ta yena cu goso y gratitud.

Inicio di e Iglesia 1957 pa 1969

Con tur cos a cuminsa

Den decada 1940 Paul Sheetz y su famia a yega Aruba pa cuminsa un obra cual despues a bira Iglesia Alianza Evangelica Oranjestad. Pastor Edgar (Ed) Martens y su esposa Ruth a bini Aruba na 1952 pa yuda den e obra aki caminda Ed Martens a dirigi construccion di e edificio di Iglesia Oranjestad. E edificio aki a keda cla na 1955.

Edgar y Ruth Martens

Na 1957 Ed y Ruth Martens a responde na e yamada pa lanta un obra den a parti di habla Ingles di Aruba, esta San Nicolas. Nan a cuminsa cu un estudio biblico na cas di famia Eman na Lago Heights. Pronto e obra aki a crece y mester a busca un luga mas grandi. Nan a logra haya Commandeur Pieter Boer School pa sigui desaroya e obra aki.

Tabatin sirbishi pa adulto y zondagsschool pa mucha. Un dado momento e obra aki a crece asina hopi cu tabatin mas cu 200 mucha ta asisti na zondagsschool riba tereno di Pieter Boer School. Les di zondagsschool tabata riba gang di e scol y sirbishi a tuma luga den e 'overdekte'.

Grupo di Zondagsschool Comienso di ECSN

Construccion di e iglesia

Ed Martens a cuminsa construi un edificio banda di e scol cu ayudo di rumannan di iglesia. Ed Martens tabata un experto den construccion, un bon metsla y bon carpinte. Tambe banda di pastoria e tabata core bus pa transporta e hendenan di cas pa iglesia y bek pa cas despues di sirbishi.

Sirbishi a muda pa e edificio nobo pero e cantidad grandi di mucha a keda haya zondagsschool y 'Junior church' na e scol. Tabatin sirbishi diadomingo mainta y anochi den edificio nobo. Rumannan manera Alfredo Hughes tabata pasa den e bario y invita e hendenan pa bin iglesia. Di e manera aki e rumannan Alberto tambe a cuminsa asisti na zondagsschool.

Cesar y Gilberto Eman tabata hobennan kende tambe a yuda na comienso di e obra den Pieter Boer School.

Hopi di e mayornan di e muchanan den nos bario tabata manda nan yiu zondagsschool pero nan mes no tabata bin sirbishi.

Lamentablemente varios di e hobennan aki a stop di asisti ora nan a bira teenager mas grandi. Algun a bay bek na religion di mayornan, otronan a bay Hulanda. Pero gloria na Dios cu algun ta cana cu Señor te awe ainda, manera Gina Mardenborough y rumannan Ronnie, Bertha y Cecil Alberto.

Discipulado di e hobennan a tuma luga via programa di VBS (scol di Bijbel vacacional), bishita na otro sitio manera Prins Bernard School y skit na iglesia. Maestronan di zondagsschool tabata Ruth Martens, Herman Lovell, Edna Bristol y Olive Leerdam. Herman Lovell a converti door di ministerio di Radio Victoria. Elenore Leslie tabata lider di hubentud mientras cu Cesar Eman, Ethline Leslie, Estella Gumbs, Raphy Hazel y Marijke Deriggs tabata guia 'Junior Church'. Misioneronan cu tabata traha na Radio Victoria tambe a cuminsa asisti na Evangelical Church of San Nicolas pasobra sirbishi tabata na Ingles.

Ed Martens den su tempo a construi tur edificio pa TEAM na Aruba, Bonaire y Curaçao. Tambe el a construi e antena di Radio Victoria cu tabata ubica den Rooi Frances. Despues di a cumpli cu un trabou remarcabel na Aruba, Ed Martens y famia a bolbe nan pais y te dia di awe nos di Evangelical Church of San Nicolas tin un aprecio grandi pa loke Ed y su famia a haci. Pastor Ed

Martens a bay cas cerca Señor dia 10 di maart 2022 na e bunita edad di 100 aña.

E hobennan tabata aprecia e siñansa solido cu nan tabata haya. No tabatin droga den comunidad e tempo ey pero 'Scientology', reunionnan di tent di Adventistanan y Testigonan cu nan revistanan "Awake" y "Watch Tower" tabata pruebanan den caminda di e hobennan. Siñansa solido a yuda cu e hobennan aki a keda fiel na Señor. Cecil Alberto a bira pastor na 'Iglesia Aliansa Evangélika Emmanuel na Curaçao'. Ethline Leslie a casa cu Ivis Melbourne y despues di tempo nan a bira misionero na Jamaica. Velda Leslie a casa cu ruman di Ivis Melbourne y ta sirbi na Merca desde aña 1969.

CAPITULO 26

PERIODO DI 1969 PA 2000

Pa 1969 Les Morris y su esposa Kay a bini Aruba pa sirbi na San Nicolas. Les Morris tabata un pastor cu un curason grandi di misericordia y tabata yuda hende pober cu pan y paña. Les tabata conoci pa yuda hende den e bario cu tabata yama 'Naked City'. Les y Kay tabatin un yiu homber cu a bira misionero na Africa. Riba 25 di januari 1970, durante di Les su pastorado a logra establece Evangelical Church of San Nicolas oficialmente.

Fernando Eights, Velda Leslie, Christine Romney, Lionel Jacobs, Ethline Leslie y Tony Green tabata hobennan local cu a bay studia na Scol di Bijbel na Jamaica.

Pastor Local:

Tony Green a bira pastor na San Nicolas, despues cu Les Morris a bolbe su pais. Na 1974 el a cuminsa e proyecto pa construi un edificio mas grandi bou di e nomber 'Grow in Christ – 74 Forward'. Misioneronan Jim y Helen Pietsch di Radio Victoria a siña e congregacion tocante di Promesa di Fe pa e edificio nobo. E Promesa di Fe aki a keda existi hasta ora e edificio tabata cla y despues e fondo aki a yuda cubri gastonan manera compra di bus nobo pa iglesia.

Na 1978 a inaugura e edificio mas grandi y e parti original a keda pa klasnan di zondagsschool. Paul Euson tabata un di lidernan kende hunto cu Tony Green a keda ministra den e bario Esso Heights cu tabata conoci bou di nomber 'Naked City'.

Periodo Decada 80

Den decada 1980 iglesia a conoce algun aña turbulento den liderazgo caminda Tony Green a bay studia psicologia na Merca y Carlos van Langeveld a bini for di Curaçao pa sirbi como pastor pero Carlos no a keda mucho largo. Fernando Eights a kita for di su trabou secular pa pastoria e iglesia ora cu Carlos a baha como pastor.

Na 1982 Tony Green a bolbe Aruba despues di a termina su estudio na Merca y na luna di december a instala Tony Green como pastor atrobe y a instala Fernando

Eights como copastor. Tony tabatin un trabou secular banda di su trabou na Iglesia.

Na 1987 Tony Green a stop di pastoria y iglesia a keda un temporada sin pastor.

Despues di algun luna Pastor Ron Johnson di Merca a asumi e funcion di pastor como e ultimo pastor misionero di TEAM. Ron Johnson a bini Aruba cu su esposa Bonnie y nan yiu muhe. Iglesia a conoce un tempo di stabilidad pastoral cu a trece structura den ministerio. Ron Johnson tabata firme den duna curso di discipulado y formacion di lider. Bou di pastorado di Ron Johnson e iglesia a experiencia e recuperacion y stabilidad necesario pa sigui padilanti. Otro misioneronan cu den e temporada aki a asisti of sirbi na Evangelical Church of San Nicolas ta entre otro Richard y Frankie Goheen, Erick y Marileen Parsons, Ernest y Mary Hickman, Bill y Edna Winchell, Don y Liz Forsman y tambe Mike y Lisa Dwinell.

Añanan 90

Na aña 1991 Mal Gibson a bin sirbi pa algun luna na Evangelical Church of San Nicolas como su periodo di practica di scol di Bijbel mientras cu famia Johnson a bay Merca pa 'furlough'. Aki ta caminda a sosode algo pret. Mal Gibson tabata predica hopi bon mes, pero algun dama di iglesia a haya nan mes ta core bay cumpra dashi y mea pa e predicado hoben aki, ya cu su manera di bisti no tabata cuadra cu locual nan tabata custumbra cu ne, esta para tras di pulpito sin dashi y sin mea!

Famia Johnson a bolbe nan pais na 1993. Un aña despues un pastor Canades, Philip Holliday y su famia a bin sirbi na San Nicolas. Kisas ta interesante pa menciona cu Pastor Holliday tabata e prome pastor cu no tabata misionero di TEAM, asina ta cu e congregacion mes tabata responsabel pa su salario y gastonan di vivienda etc. Na 1995 pa motibo di enfermedad di un yiu muhe, Pastor Holliday a tuma su retiro y e famia a bandona Aruba.

For di november 1995 te september 1998 iglesia a keda sin pastor. Sinembargo rumannan di Iglesia Bon Nobo y Iglesia Alianza Evangelica Oranjestad y tambe di otro iglesianan a yuda den predica e Palabra. Na varios ocasion Pastor Eusebio Petrona of Pastor Stan Owens-Hughes a trece e Palabra durante e periodo aki.

Rond di e temponan aki misioneronan di TEAM a cuminsa prepara pa entrega tur ministerio cu nan a cuminsa den man di localnan. Mayoria di e propiedadnan tabata riba nomber di TEAM.

Na 1999 e Iglesia na San Nicolas a inscribi su mes como un entidad legal pa asina TEAM por a traspasa e edificio pa e asociacion cu ta hiba e nomber Evangelical Church of San Nicolas.

Tambe den e tempo aki, na aña 1995, Iglesia El Camino a conoce su origen den Evangelical Church of San Nicolas. Riba peticion di un ruman di habla

Spaño pa haya les di Bijbel na Spaño, un diadomingo mainta ruman Jorge Guastavino a cuminsa un klas di zondagsschool na Spaño cu cinco ruman. A cuminsa e klas aki den un camber chikito na iglesia mes y riba diahuebs 5 di october 1995 e klas di Spaño a muda pa cas di Jorge y Clelia Guastavino na Savaneta. E obra aki a sigui crece te cu mester a huur un edificio mas grandi na Savaneta. E obra aki a desemboca den loke awe ta Iglesia El Camino cu ta ubica den e ex edificio grandi di Radio Victoria na Pos Chikito.

Na september 1998 Dios a contesta nos oracion pa un pastor ora Delbert Denny Jr. a bin sirbi na San Nicolas hunto cu su esposa Wonda y nan dos yiu hombernan. Pastor Denny a reta e iglesia pa ta e homber y e muhe di Dios cu Dios kier pa nan ta. E tabata convenci cu mester ekipa e santonan pa e trabou di sirbishi no obstante edad. Durante e añanan cu a transcuri e programa di VBS a stop pero Pastor Denny a lanta VBS atrobe durante su tempo na Aruba y esaki ta sigui casi tur aña ainda. Delbert Denny tabata envolvi tambe den actividadnan di Comunion y a organisa Conferencia di Comunion 2003 aki na Aruba.

CAPITULO 27

PERIODO DI 2000 PA 2022

Pet despues di Comunion 2003 famia Denny a bandona Aruba y Pastor Mike Scolare y su famia a bin sirbi na San Nicolas. Pastor Scolare tabatin varios reto cu su salud aki na Aruba y despues di algun aña ora cu nan no a prolonga su permiso di trabou y estadia, nan a bay bek Merca.

Obra cu Chinesnan

Door di bishita di un famia Chines Canades na La Cabana Fellowship, corespondencia a cuminsa pa lanta un obra Chines na Aruba. Despues di varios bishita di misionero Chines for di Venezuela na Aruba, a apunta

Pastor Gabriel Li durante bautismo Chines den edificio di ECSN

Pastor Gabriel Li y su esposa Iris di Canada pa cuminsa e obra Chines na Aruba. Famia Li tabata huur e cas di pastor di Evangelical Church of San Nicolas y nan a cuminsa cu estudio di Bijbel na e cas aki pa despues cuminsa sirbishi diadomingo atardi di 4'or pa 6'or den edificio di Evangelical Church of San Nicolas. Nos iglesia a duna nan e man drechi di comunion pa lanta e obra y despues di algun aña nan a logra adkiri nan propio edificio na Savaneta. Nan Iglesia ta carga e nomber Aruba Alliance Church.

Pastor Norman Browne y su esposa Betty

Na 2009 Norman Browne y su esposa Betty di Iglesia Alianza Evangelica Oranjestad a cuminsa sirbi na San Nicolas y un aña despues Norman Browne a cuminsa sirbi como pastor. E tempo ey tabatin hopi hoben y hopi ruman di edad halto. Na 2012 a cuminsa implementa recomendacionnan di Comunion pa identifica y prepara e siguiente generacion di lider.

Consecuentemente ancianonan di Evangelical Church of San Nicolas a cuminsa reta e hombernan pa asumi un funcion den un di e diferente ministerionan den iglesia. E meta aki ta sigui di ta un reto grandi pa nos iglesia.

Cabayeronan cantando un Dia di Mama

Na 2015 nos a basha e prome edificio abou y a cuminsa construccion di klasnan nobo pa zondagsschool hunto cu un edificio nobo pa comunion cual proyecto a keda cla na maart 2017. Rumannan a sigui cu e promesa di fe pa caba di paga e gastonan di e proyecto di construccion. Pastor Cecil Alberto como presidente di Comunion a predica durante e sirbishi di dedicacion di nos edificio nobo. E edificio actual di comunion aki ta sirbi pa tene sirbishi te ora renoba e edificio grandi. Durante e periodo di reconstruccion di nos edificio, Evangelical Church of San Nicolas por a tene su sirbishi diadomingo mainta den e edificio di e rumannan Chines di Aruba Alliance Church na Savaneta. Pa varios aña iglesia tabata mira un bahada den miembresia pero for di 2018 a cuminsa mira un subida gradual den asistencia y miembresia.

Celebrando 50 aniversario

Na januari 2020 nos iglesia a celebra su 50 aniversario cu un concierto pa hoben na YMCA y un cena na Holiday Inn Hotel. E celebracion a culmina cu un sirbishi special na Cas di Cultura, na unda nos iglesianan ruman a bin celebra e ocasion aki hunto cu nos. Ruman Gareth Bolton di Operation Mobilization tabata e predicado invita pa tur e actividadnan relaciona cu e aniversario memorabel aki.

Dinner na Holiday Inn (januari 2020)

Nos no por keda sin menciona e efecto cu e pandemia di Covid-19 tabatin riba funcionamento di iglesia. Den un frega di wowo nos mester a siña drenta e era digital pa transmision di nos sirbishinan tuma luga.

Asistencia a baha hopi na 2020 ora e medidanan a drenta na vigor. Na comienso di 2022 nos a mira cu asistencia tabata subi bek gradualmente. Varios di e rumannan di edad halto a keda afecta pa motibo di e isolacion pa un periodo largo y falta di comunion.

Tuma of no tuma e vacuna tabata un asunto di libertad den nos iglesia y danki na Dios esaki no tabata motibo di discusion of desunion den iglesia. Tambe nos ta gradici Dios cu tur e rumannan cu a haya Covid-19 a recupera sin ningun efecto duradero.

Na fin di februari 2022 Pastor Browne a entrega su retiro pa dedica tempo na skirbi comentario riba bukinan di Testament Nobo na Papiamento. E ta keda sirbi te ora nos iglesia haya un pastor nobo. Pastor Browne tabata reta e iglesia pa siña conoce e amor di Dios mas profundamente y siña stima otro mas.

Palabranan di Gratitud

Nos ta hopi agradecido na Dios cu nos ministerio di hoben, Teens for Truth, a reanuda na 2021 despues di tabata algun aña inactivo. Semper tin necesidad di mas obrero pa traha den e cosecha y nos peticion di oracion ta pa mas lider pa nos ministerionan di mucha y di hoben pa asina nos presta atencion na e siguiente generacion di creyente den nos iglesia.

Tambe nos ta agradecido na Dios pa tur pastornan, lidernan y rumannan den Cristo cu un of otro manera a aporta pa engrandece e reino di Dios aki na Evangelical Church of San Nicolas. Un di nan cu nos no por keda sin menciona ta Pastor Mike Brown, un pastor Canades cu ya a retira y tabata pasa e temporada di winter na Aruba. Pa 14 aña el a funciona como anciano di nos iglesia y como tal el a predica regularmente y tambe a conseha y anima liderazgo di Evangelical Church of San Nicolas. Despues di a bende su cas y a regresa Canada permanentemente na april 2020, el a fayece repentinamente na augustus, djis un par di luna despues.

Sigur nos ta hopi agradecido tambe pa tur e sirbidonan cu Dios a lanta meymey di nos cu a sirbi fielmente for di comienso. Rumannan manera Clarita Alberto, Jorge y Clelia Guastavino, Tito y Johanna Baarh ta algun di esnan cu tabatin un curason pa e obra di Señor. Un otro ruman fiel cu a bin despues ta Bernardo McFarlane, kende a sirbi pa hopi aña como anciano di iglesia te ora cu su edad y salud no a permiti esey mas. Nos ta gradici Dios tambe pa e rumannan kendenan a type notulen di reunionnan, algun hasta den e epoca prome cu computer, pa awe nos por tin nan ainda. Rumannan manera Agatha Koc, Mildred de Coteau, Violet Leslie, Susan Naddall y Suzy Arts.

Finalmente, Evangelical Church of San Nicolas ta un iglesia funda pa misioneronan di TEAM y nos ta hopi agradecido pa e trabou cu e misioneronan aki a haci pa evangelisa San Nicolas y otro parti di Aruba. Nan a dedica nan bida y recurso pa sirbi Dios na nos isla y nos iglesia. Nos ta consciente di e sacrificionan grandi cu nan a haci tanto den famia como den otro area pa bin comparti e evangelio na San Nicolas. Esaki ta un motivacion grandi pa nos iglesia sigui cu e Gran Comision bou di e lema di fundador di TEAM Fredrick Franson: "Sigui marcha padilanti te ora Señor tuma nos." Nos ta gradici Dios pa tur locual e misioneronan di TEAM a haci aki na Aruba.

CAPITULO 28

HISTORIA DI IGLESIA ALIANSA EVANGELICA 'POS CHIKITO'

Periodo di 1972 - 2000

Origen di Iglesia Bon Nobo

Despues di establecimento di Iglesia Evangelica na Oranjestad, a cuminsa tene sirbishi den bario riba diadomingo anochi, na cas di George Boekhoudt na San Nicolas y na cas di Famia Kimler den Lago Colony. Den Lago desde 1947 tabatin estudio Biblico cu a conduci na convertimento di Rubianonan cu tabata testifica! LAGO tabata di gran influencia pa establece Iglesia Bon Nobo tambe!

Na aña 1954 famia Edgar Martens a bay San Nicolas for di Oranjestad pa cuminsa cu sirbishi na San Nicolas pa motibo cu famia Eman tabatin cu core bay te Oranjestad pa adora. Den poco tempo e sirbishinan a bay over na Ingles pasobra varios hende di Iglesia Metodista a pidi sr. Martens pa tene sirbishi na Ingles pa nan. George Boekhoudt y su famia tabata asisti como cu el a converti door cu un Americano den 'power house' di LAGO a papia cu ne. Tambe tabatin hacimento di bishita na otro parti di San Nicolas. E grupo di habla Papiamento di Pos Chikito cu tabata asisti na e iglesia di San Nicolas tabata aumenta i na fin di decada setenta, 20 hoben asistiendo na San Nicolas tabata di bario di Pos Chikito.

TEAM ta instrui Misioneronan pa Cuminsa un Iglesia na Pos Chikito

Sr. Robert (Bob) McClain nunca tabata para keto y tabata bishita delaster un skina na Aruba. Entre añanan 60 pa 70 el a guia hopi mucha y adulto na Cristo. Ma no tabatin Iglesia pa nan meymey di Isla di Aruba.
TEAM a manda Robert y Milly McClain Corsou pa pastoria na Montaña y Palo Blanco y nan no a bolbe pa sirbi na Aruba sino te na aña 1972.
Despues cu Marge a fayece, Robert a casa cu Milly.
Banda di aña 1972 TEAM a instrui misioneronan pa cuminsa un Iglesia na Pos Chikito. E añanan ey misioneronan di Radio Victoria, entre otro sr. Dennis Christensen, sr. Celestino Bernabela for di Oranjestad y otronan, a cuminsa reuni cu e hendenan cu sr. McClain a guia na Cristo y e creyentanan di bario cu tabata asisti

Edificio bieu di Radio Victoria

na iglesia di San Nicolas. Nan tabata reuni den un parti chikito di e studionan di Radio Victoria na Pos Chikito.

Banda di 1973 Pastor McClain a cuminsa reuni cu un grupo di homber na cas di sr. Poly Geerman. Banda di Poly Geerman tabatin tambe sr. Asing Lee y algun otro cualnan a bira sostenedonan spiritual y moral pa desaroyo di e Iglesia.

Srta. Lillian Mikkelson tabata e unico maestra di klas pa mucha pa basta tempo. Ora el a bay cu verlof, famia Christensen y famia Pietsch a bini pa sigui cu e obra na Pos Chikito. Famia Jacobo y Ida Ramos huntu cu famia Roy Mazelin a yuda durante e tempo ey tambe. Despues di algun luna sr. Mazelin a bira hopi malo y mester a bay Wheaton pa opera.

Tabatin un programa intenso di bishitamento cu literatura den vecindario di Pos Chikito.

Un grupo di dama a establece y tabata reuni un biaha pa luna. Tambe tabatin klas di Bijbel pa amanan di cas tur siman. E klas tabata dirigi mas tanto na creyentenan pero otronan tambe tabata invita pa asisti.

Pa varios aña, Bob McClain a sigui reuni semanalmente cu e grupo di homber na cas di Poly y Etty Geerman, cu e proposito di profundisa nan den e Palabra y den bida cristian, pa asina nan por a evangelisa!

No tabatin hopi campaña evangelistico na Iglesia. 'Youth in one Accord' y un grupo Chines di 'TEAM Taiwan' y algun otro a yega di tene campaña.

Na aña 1976 srta. Lillian Mikkelson a bolbe Aruba pa biba y el a cuminsa un klas di zondagsschool na su cas na Sabana Basora, den e cas/studio bieu na unda Radio Victoria tabata ubica antes. E klas a consisti di mucha for di 5 famia.

E zondagsschool a cuminsa cu 26 studiante y un aña despues na 1977 el a muda pa e edificio di Iglesia Aliansa na Pos Chikito cu un cantidad di mas o menos 36 studiante y despues el a crece te na 50 mucha. Despues un otro famia di Brazil pa via di contacto cu sr. Pietsch a cuminsa asisti na zondagsschool na Pos Chikito. Ademas hende cu a converti door di scucha Radio Victoria y door di bishita di srta. Mikkelson a cuminsa asisti na Iglesia di Pos Chikito.

NOTA: Esaki ta demostra con importante un Radio Emisora ta pa funda Iglesia!

Iglesia di Pos Chikito ta haya Nomber Oficial

Na aña 1978 ora sr. McClain a bay cu verlof, sr. Francisco (Franco) Maduro cu a caba un aña di estudionan special na Instituto Ebenezer na Venezuela, a tuma e iglesia over pa un aña. Durante e periodo ey e asistencia na iglesia a baha drasticamente. Sinembargo, despues cu famia McClain a bolbe di verlof, e iglesia a recupera y a cuminsa crece den un aña di tempo.

Na 1983-1984, e di dos biaha cu sr. McClain tabata

cu verlof, famia Earl Ressler di Bonaire a reemplas'e. Iglesia no tabata uza ni mita di e barak. Ma ora e grupo a crece mas, sr. Earl Ressler a kita e scotnan paden pa nos ocupa henter e edificio. Despues el a haci e edificio mas grandi. A uza dos otro edificio chikito pa klasnan di zondagsschool hunto cu un camber di e edificio cual tabata oficina y studio di Radio Victoria antes.

Na aña 1978 Iglesia di Pos Chikito a haya su nomber oficial tambe. E manera cu a yega na e nomber ta cu e rumannan por a duna idea pa un nomber. Den un reunion chikito varios nomber a bin dilanti cu reservacion. Sra. Saritha Wever a trece "Bon Nobo" dilanti. Y esey a bira nomber di e Iglesia: "Iglesia Aliansa Evangelica Bon Nobo".

Mas bon desaroyo na aña 1978

Un hoben Chines, Tenjoen (Teño) Chin A Loi a sinti e yamada pa cuminsa sirbishi na Wilhelmina School. Lamentablemente algun luna despues el a hoga.
Sr. McClain a yuda cu transportacion y predicashi prome cu su verlof. Despues di esey e rumannan no a sigui cu e obra aki pa varios luna y asina e sirbishi na Wilhelmina School a stop! Esaki tabata un periodo di alegria y frustracion.

Impacto di Ceramento di LAGO

Na 1983 Pastor McClain a duna un grupo di homber les di discipulado den e parti chikito di e barak. Esaki tabata bayendo bon.
Pero na 1985 Lago a cera su portanan y tur cos a paralisa!!
E impacto di ceramento di LAGO tabata un sla masha duro, lagando hopi creyente sin trabou y sea sin entrada mes of cu entrada cu a baha drasticamente! Tambe Status Aparte prome di januari 1986 a bini cu hopi controversia politico, cu masha hopi hende bandonando Aruba, lagando masha hopi cas bashi! Aruba a cay den incertidumbre cu contratista, companianan di servicio bashi door cu masha hopi hende a bende cas y tur cos y a bay Hulanda! Tabatin scuridad y tristesa riba nos isla, cu hopi hende na San Nicolas ta sinta wak zuid tur dia sintiendo falta di e huma cu tabata subi pa 60 aña! Di anochi pa mainta San Nicolas tabata plat y morto!
Hunto cu esey Sr. Libertador Betico Croes a haya un accidente di trafico grave treciendo hopi conmocion!
Na fin di juli 1986 Pastor McClain a retira door di hopi keho entre e rumannan, entre otro cu e tabata trece cantidad grandi di mucha pa sirbishi y tabata yega laat, causando cu mester a warda pa e muchanan drenta pa sirbishi sigui, anto su predicashinan tabata largo tambe! Mester tene na cuenta cu Pastor McClain tabata dedica na alcance di mucha cu alma y curpa! Asina Pastor Robert McClain a retira y a bay lanta un obra nobo na San Nicolas Pariba!

Eusebio Petrona Pastor Nobo na Pos Chikito

Pastor Eusebio Petrona Predicando

Na augustus 1986 Comunion di Iglesianan Aliansa Evangelica di Antias y Aruba a manda Pastor Clavis White Aruba pa wak con ta bay cu e Iglesianan riba nos isla. Hayando Iglesia Bon Nobo sin pastor cu necesidad di liderato, Pastor Clavis a recomenda Pastor Eusebio Petrona como candidato. E tempo ey Iglesia a caba di hisa Pastor Petrona su salario y e tabata sinti masha feliz na 'Iglesia Aliansa Evangélika Emmanuel' na Corsou. Sinembargo, despues di a bishita Bon Nobo, pa invitacion na september 1986, haciendo oracion pa guia, Dios a bisa: "Bin Aruba bin yuda nos!" Esaki a conduci cu Iglesia Aliansa Evangelica a yama sr. Eusebio Petrona pa pastoria e tou na Iglesia Aliansa Evangelica Bon Nobo y hunto cu su esposa Esther y nan dos yiunan, Rendel y Jonathan, nan a muda pa Aruba. Pastor Eusebio Petrona a pastoria Iglesia Bon Nobo pa 12 aña (1986-1999).

Koor di homber Pasco 1987

Durante e tempo ey sr. Petrona a prepara 13 homber pa sirbi Dios y Iglesia den diferente capacidad. Cada homber mester a siña bida cristian, interpreta Scritura, testifica, bishita bario, studia doctrina, guia sirbishi y duna mensahe. E rumannan di Iglesia a evangelisa den bario di Sabana Basora sin logra mucho, ma den un tent banda di veld di Universal accion a cuminsa cu un campaña evangelistico. Pareha Nino y Maria Caraballo a converti y a persevera te na fin, sirbiendo Señor y Iglesia. Sr. Wayne Gandre exitosamente a duna les di discipulado na esnan nobo converti den zondagsschool!

Rumannan di Iglesia Bon Nobo 1988

Na 1988 Sharlon y Janine Casilio tambe a bini Aruba for di Corsou bou di Palabra di Bida y a traha cu hubentud te 1992, introduciendo Club Olimpico pa mucha, cual a yena un bashi entre e muchanan di bario y di Iglesia! Prome cu binida di e pareha Casilio, sra. Saritha Wever y su yiunan pa añanan a haci deporte di softball cu mucha di bario di Pos Chikito, cual a resulta den un grupo activo di mucha den Iglesia!

Pa loke ta Damas, bou di liderato di Esther Petrona y Alicia Gandre cu su comision di damanan fiel y activo manera sra. Edna Peña, a encurasha nan cu siñansa, atencion pa nan cumpleaño y reunionnan diferente, specialmente cu e charlanan den "Cita cu Alicia"!

Mision

Iglesia tabata spaar un suma basta halto pa nos edificio nobo. Ma como cu Scritura no a manda pa traha edificio ma si alcansa mundo, Iglesia a bay di acuerdo pa cuminsa cu envolvimento misionero den oracion y donacion. Despues di instruccion y informacion na 1992, Iglesia a bay di acuerdo pa confia Dios pa haci tur dos, esta contribui na Mision y construccion di edificio. Na 1993 Iglesia Aliansa Evangelica Bon Nobo a manda y sostene nan prome misionero, Astrid Croes, pa Argentina, unda el a traduci henter e curiculo di un school priva: "A Beca Book", den dos aña! Iglesia Bon Nobo a keda activo y determina den mision te dia di awe! NOTA: Pa e prome conferencia di mision nos a invita Pastor Robert y Mildred McClain como nos orador. Den e sirbishi ey Iglesia a pidi nan pordon pa nos comportacion cu a afecta nan asina tanto!

Edificio Propio

Door di insistencia y esfuerso di sr. McClain, sr. Asing Lee hopi tempo prome a busca y a haya un tereno pabou di Radio Victoria pa Iglesia, ma no por a acept'e door cu e tabatin spelonk cu lo a costa demasiado placa pa pone fundeshi riba dje pa por construi un edificio. Despues na 1993 Gobierno a pasa e tereno pa zuid di e barak pa Iglesia. E compania di Johnson a prepara e tereno pa na 1994 Iglesia cuminsa su propio edificio cu propio forsa y a drent'e *na december 1998* pa cab'e segun forsa financiero cu Dios a provee! Pastor Petrona kende no tabatin experiencia den construccion a sirbi como profeta Hageo pa encurasha man di e trahadonan den e obra!

Na aña 1999, Pastor Petrona a retira pa motibo di e periodo dificil cu el a pasa aden despues di morto di Esther na 1995, y pa no stroba mas desaroyo di Iglesia. El a traha secular te maart 2000. Na juli 2000 Dios a habri porta pa e sirbi turista Mericano cu sirbishi Biblico na Hotel La Cabana, Aruban Resort y Holiday Inn y el a sigui cu e ministerio aki te cu 2015. Sr. Petrona a casa cu Isidra Kock dia 26 di October 2000. Ademas Pastor Petrona a sirbi detenidonan Rubiano y stranhero na prizon Korrectie Instituut Aruba (KIA) di 2000 te cu 2015, esta pa un periodo di 15 aña.

Periodo di 2000 pa 2022

Na aña 2000 Iglesia a yama Pastor Jose Sophia pa guia Iglesia Aliansa Evangelica Bon Nobo (2000-2005). Durante e temporada aki Iglesia a crece cu hende nobo y asistencia maximo di congregacion tabata 125 diadomingo mainta. Miembresia tabata maximo 75.
Tambe durante e temporada aki Iglesia Bon Nobo a tuma pasonan significante pa modernisa musica pa yega na un balans aceptabel.
E termino aki a caba cu un kiebro doloroso di iglesia cual a parti e iglesia literalmente den dos. Sr. Jose Sophia a bay lanta su mes Iglesia yama "Iglesia Alianza Nobo" y mita di Iglesia Bon Nobo a bay cu ne.

Aña 2007 te cu Awor

Pastor Frederick Kelly ta guiando Iglesia Bon Nobo desde 2007 te presente y segun Dios lo guia! El a yega como un hoben di 25 aña, prepara na Palabra di Bida na New York y tambe a sigui cursonan avansa na College. Pastor Frederick Kelly y esposa Juwaiya aunke jong, a kibra tur expectativa cu un madurez solido. Durante e tempo aki asistencia maximo di e congregacion tabata 120 hende riba diadomingo mainta. Miembresia tabata 57.

Bou di liderato di Pastor Frederick Kelly y Anciano Martin Godoy, Iglesia Bon Nobo a reestablece doctrina sano (manera tempo di Petrona), a re-enfoca riba

Pastor Frederick Kelly.

famia hoben door di ministerio pa mucha y hoben (manera tempo di McClain) y a re-captura su pasion pa Mision door di produci entusiasmo pa ser Misionero.

Actualmente Iglesia Aliansa Evangelica Bon Nobo ta draai cu homber y muhe sirbiendo como lider, cu misionero produci for di nos mes iglesia y manda pa sirbi localmente y den exterior. Alabes Iglesia Aliansa Evangelica Bon Nobo ta sostene otro misioneronan! Alabansa, honor y gloria sea duna na nos Señor Hesus di Kende Scritura ta bisa:

I ora ku e Wardadó Prinsipal paresé,
boso lo risibí e korona di gloria
ku no ta marchitá." 1 Pedro 5:4 "

Edificio Nobo.

CAPITULO 29

HISTORIA DI IGLESIA EVANGELICO 'EL CAMINO'

Origen di Iglesia El Camino

Dia 5 di october 1995 un grupo chikito a cuminsa reuni na Savaneta 346, cas di sr. y sra. Jorge y Clelia Guastavino pa studia Bijbel y sa boluntad di Dios pa nan bida. Pero realmente e iniciativa pa cuminsa e ministerio Spaño aki tin su origen den aña 1993. Un homber hoben, Otoniel Soriano a aserca e bus di iglesia Evangelica di San Nicolas. El a puntra e

Jorge y Clelia Guastavino
cu a cuminsa cu grupo El Camino.

chauffeur Jorge Guastavino, si den San Nicolas tin un luga di tene comunion y enseñansa Biblico na Spaño, pasobra su famia mester di esey.

A base di esaki a surgi un klas di diadomingo na Spaño den un Iglesia di habla ingles. Despues di un tempo e rumannan a expresa na e maestro, Jorge Guastavino, cu tin necesidad di mas reunion completamente na Spaño. Esey a motiva Jorge Guastavino pa cuminsa un estudio Biblico na Spaño na su cas.

E grupo tabata consisti di e siguiente 5 persona: Julia Soriano, Felicia Arrindell, Keila Soriano y pareha Jorge y Clelia Guastavino. Nan a scoge como nomber "Grupo El Camino".

E reunionnan tabata riba diahuebs anochi pa 7.45 y tabata di hopi comunion fraternal. E grupo a sigui crece y mayoria participante tabata di Venezuela, Colombia y Republica Dominicana. E prome añanan no a cohe ofrenda pero semper tabatin un snack humilde na final. E tempo ey algun a haci profesion di fe, y Keila y Felicia tabata haci e discipulado.

Periodo di 1997 pa 2000

Na juli 1997 durante e campaña evangelistico di Comunion di Iglesianan Aliansa Evangelica di Antias y Aruba, 'Impacto 97', varios di esnan cu no tabata salba a acepta Cristo como nan Salbador personal!

Na augustus 1997 e grupo a aserca sr. Edsel Granviel personalmente y tambe a skirbi un carta oficial na Comunion di Iglesianan Evangelica den cual nan a presenta e grupo El Camino y tambe a pidi pa e misioneronan Edsel y Jerseline Granviel asisti nan den e ministerio y guia e grupo den estudio Biblico etc. Comunion a bay di acuerdo pa presta Pareha Granviel na e ministerio Latino.

E aña cu Pareha Granviel a cuminsa guia e grupo Latino, nan tabata haciendo ministerio na Iglesia Bon Nobo, pero despues nan a bay traha tempo completo den ministerio na e grupo Latino.

E grupo a sigui crece gradualmente, pasobra e rumannan tabata invita otro hende regularmente pa bin siña mas di Bijbel. Pa algun luna e grupo a reuni diahuebs na Savaneta y diasabra na Iglesia di San Nicolas.

Na october 1998 e grupo a bira asina grandi cu a haci necesario pa busca un luga mas amplio. E ora ey sr. Edsel Granviel a sugeri pa eherce fe y huur un luga pa reuni riba diadomingo. Esey a bira un apartamento den edificio di Chow na Savaneta 117 G. Dios a bendiciona e rumannan su fe y a provee stoel, pulpito, airco etc. Y nos a cuminsa considera e grupo como Iglesia El Camino. Blachinan di cantica y corito a surgi y tambe a haya un pianista hoben cu a start loke despues a bira un grupo di alabansa. Asistencia a crece te na mas di 40 ruman.

Na januari 1999 e prome sirbishi di bautismo a tuma luga. A batisa 3 ruman na Rodgers Beach. Sirbishinan evangelistico a tuma luga den casnan y asina a alcansa inconversonan.

Den e aña 1999 Pareha Pedro y Xiomara Minaya y famia tambe a join e reunionnan. Ruman Minaya a traha eficazmente den presentacion di e mensahe y evangelisacion. E tempo ey un grupo di 9 homber y muhe tabata reuni periodicamente pa tuma desicion y atende cu asuntonan spiritual di iglesia.

OANSA - otro Maraviya di Dios

Misioneronan di OANSA Honorio y Nelly Hernandez di Venezuela.

Un cos grandi cu Dios a haci den aña 2000 pa Iglesia El Camino tabata club OANSA.
E importancia di gana mucha pa Cristo y e influencia di mucha den salbacion di nan mayornan a motiva pa cuminsa traha cu mucha. Despues di basta 'research' pa un programa adecua pa e Iglesia, Pareha Granviel a aserca e organisacion 'AWANA' na Merca, kende na nan turno a referi nan na OANSA Venezuela.

Durante nan prome bishita e misioneronan Honorio y Nelly Hernandez di Venezuela a comunica algun di e exigencianan di OANSA internacional pa establece na un pais. Un di nan tabata, logra cu mas pastor y Iglesia establece Club OANSA. Tambe mester a traduci materialnan na Papiamento y den futuro percura pa

Bonaire y Curaçao tambe interesa y tuma OANSA.

Tabata un reto di fe. Pa e motibonan ey sr. Edsel Granviel a skirbi carta na tur Iglesia Evangelica y a introduci OANSA. Mas despues a pidi pastor y lidernan di dicho iglesianan pa manda hende cu ta interesa pa ricibi training. Tambe Ivelise Marchena, Joan Barret, Jessy Granviel y Elvia Henricus a cuminsa traduci y coregi manualnan completo, skirbi na man.

Durante nan di dos bishita Honorio Hernandez kende tabata pastor pa mas di 30 aña na Venezuela, a haya contacto cu algun ex-miembro di nan congregacion na Venezuela. Y compaña pa pareha Granviel i pareha Hernandez, nan a reuni cu entre otro Pastor Gilbert Martes y Pastor Theo Orman cualnan a interesa den e programa.

Dia 17 september 2000 Iglesia El Camino a entrega e prome certificado di entrenamento na Savaneta 117 G. Iglesia Maranatha a yuda Iglesia El Camino sigui traduci e otro manualnan cu tabata falta traduccion y tambe a percura pa printmento di e prome manualnan. Na final di 2000 nos a keda cla cu training di lider y tambe materialnan tabata completo, pues nos tabata ful prepara pa lansa OANSA Aruba na 2001.

Plan pa cumpra un edificio mas grandi

Mientrastanto e luga di reuni na Savaneta 117G tambe a bira chikito y sr. Edsel Granviel a trece otro reto di fe pa cumpra e edificio na unda Radio Victoria tabata. Despues di poco deliberacion esnan den liderazgo a sostene e idea. A bay banco pero banco a nenga e peticion pa hipoteca. Dios a bisa NO na e fiansa pero no na e edificio ainda, si! A sigui haci oracion, confia y persevera.

Periodo di 2001 pa 2012

Compra di edificio

2001 tabata un aña carga cu evento y logronan guia y bendiciona pa Dios.
Dia 3 di januari 2001 a logra cumpra e edificio for di Comunion di Iglesianan Aliansa Evangelica di Antias y Aruba na huurkoop pa 200.000 florin, cual tabata mita di e prijs original. E compromiso tabata pa paga durante 11 aña.

Lansamento y establecimento di OANSA na Aruba

Grupo di OANSA na LOGOS HOPE.

Dios a mustra Su grandesa atrobe! E prome clubnan di OANSA a cuminsa na Aruba. Dia di Himno y Bandera, 18 di maart 2001, tabata un goso pa mira mas cu 50 mucha cu ta kere den Cristo hunto cu nan lidernan marcha cu bandera di Aruba. Tabata El Camino, Maranatha y Iglesia Emmanuel. Clubnan OANSA a cuminsa alcansa hopi mas mucha. Añanan despues fundacion OANSA Aruba a lanta. OANSA Aruba a logra mas cu 15 club Biblico na Aruba. Corsou y Bonaire tambe a adopta OANSA basta aña despues.

Actualmente tin Iglesianan cu nan club OANSA ta wanta pa falta di lider y otro situacionnan. El Camino ta un di nan.
Ma na El Camino y na Aruba, apesar di inactividad di OANSA, tin mucha cu a cuminsa como Chispa den OANSA na edad di 6 aña a bira lider y director di otro club di mucha y di hoben. Esaki ta testimonio di Dios Su fieldad pa honra, bendiciona y uza hende y metodo pa lanta, fortalece y crece Iglesianan local y nacional. Nos ta alab'E pa uza OANSA como un parti di e fundeshi di Iglesia El Camino.

Inauguracion di edificio y ordenacion di sr. Edsel Granviel como Pastor

Pastor Edsel Granviel i esposa Jessy Granviel.

Na october 2001 a inaugura e edificio medio renoba y adapta y tambe a ordena sr. Edsel Granviel oficialmente como Pastor di Iglesia El Camino.
Dia 21 di maart 2002 statuto di Iglesia El Camino a keda aproba. Y dia 4 di juni 2002 a inscribi e Iglesia na Camara di Comercio, bou di e nomber "Iglesia Evangelico El Camino".

Basta despues a nombra sr. Jorge Guastavino y sr. Pedro Minaya oficialmente como e prome dos ancianonan di Iglesia El Camino. Tambe a establece un directiva cu tabata consisti di pastor, ancianonan, un secretaria, tesorera y un miembro mas.

Ampliacion di edificio y di ministerionan

Dios a manda ayudo di un organisacion Americano cu a adopta Iglesia El Camino su vision pa impacta comunidad Arubano cu e Palabra di Dios den forma diferente. Iglesia El Camino a lanta fondo y e organisacion Emmanuel Ministries a 'match' e fondonan aki y cu e suma aki a construi y muebla un parti nobo di e edificio cual a sirbi como creche y traimerdia (cuido pa mucha) pa mas cu 5 aña. Centro di cuido Mariposa a gradua mas cu 80 mucha pa manda kleuterschool. Algun cu nos a tuma for di dos luna di edad a crece bira grandi y un di nan awe ta esposa di un pastor! Tambe nos tin algun den nos Iglesia cu ta creciendo y sirbiendo Dios den ministerio di mucha.
For di esaki tambe a sali e esfuerso di un mayor inconverso pa cuminsa Fundacion Autista na Aruba.

Centro Comunitario El Camino

Tambe a lanta un fundacion pa dedica na influencia comunidad di Aruba, specificamente esun di Pos Chikito y Savaneta bou di e nomber Centro Comunitario El Camino. E fundacion aki a cuminsa como un ministerio di Iglesia El Camino y a organisa varios campamento, actividad social y evangelistico, curso y gruponan di sosten y di cuido.

School di diadomingo, Iglesia pa mucha y grupo di Damas

Pocopoco pero sigur hende a sigui converti. Tambe tabatin varios ruman local y di otro pais cu a keda agrega na e congregacion. Tabatin algun cu donnan cu a yuda fortalece pastor y ancianonan den trabou di siñansa di e Palabra. Entre nan nos por menciona sr. Fausto Cepeda. Despues a nombra algun diacono y diaconisa y a haya un anciano mas acerca. Damas Abigail ta nomber di asociacion di hende muhe di El Camino cual a cuminsa y tabata di hopi goso y fortalesa pa e ser femenino di El Camino.
Iglesia pa mucha tabata e concepto cu a uza pa traha cu nos muchanan riba diadomingo. Nan tabatin nan propio sirbishi, grupo di alabansa, ministerio di audio visual y drama. Muchanan tabatin les di Bijbel den siman riba diahuebs cu nan lidernan y tambe tabata prepara programa y alabansa pa diadomingo. Nos a mira hopi crecemento y formacion. Gloria na Dios!

Dado momento e comunidad Latino cu a sigui crece a cuminsa expresa e deseo di tin sirbishi na Papiamento tambe. Pastor Edsel tambe tabata mira e necesidad aki. Asina e Iglesia a cuminsa haci dos sirbishi riba diadomingo: un mainta na Papiamento y un anochi na Spaño. E desicion aki cu a cuminsa bon, gradualmente a trece bastante malcontento y dificultad!

Na 2011 Anciano Pedro Minaya a entrega su carta di retiro na directiva indicando cu e lo bay haci un ministerio pafo di Iglesia. E forma cu esaki a sosode a causa hopi problema y malcontento, paso a resulta cu ta un Iglesia e anciano a cuminsa dos cuadra for di Iglesia El Camino. Esaki a resulta den bastante confusion! Pastor Edsel a pidi e anciano pa separa su mes y su Iglesia for di El Camino. Esaki a conduci na un kiebro cu a dura casi dos aña y cu a laga Iglesia El Camino cu menos di un tercera parti di e miembronan cu e tabatin. Tur Latino cu excepcion di cinco a bay cu e anciano of a bay otro iglesia.

Periodo di 2013 pa 2022

Di 2013 padilanti tabata tempo di sanacion, redireccion y crecemento pa Iglesia El Camino. Nos a bolbe na un sirbishi atrobe riba diadomingo y solamente na Papiamento.
A cuminsa siña fundeshi y funcion di e Iglesia Biblico ful di nobo atrobe y tambe comparti e vision di Iglesia El Camino.
Lidernan y e rumannan cu a keda El Camino mester a pasa un temporada di sanacion cu hopi fe y confiansa den Dios cu E ta cu e Iglesia y E lo yuda nan sali padilanti. Un di e formanan cu Dios a haci esey tabata permiti cu Comunion di Iglesianan a pordona e 11.500 florin cu e Iglesia tabata debe riba e edificio ainda, na momento di e kiebro! Remarcabel ta cu esaki a sosode net diesun aña despues cu a drenta e areglo di huurkoop cu Comunion di Iglesianan Aliansa Evangelica di Antias

y Aruba manera tabata palabra cu e bendedonan!
Algun luna despues Dios a bolbe mustra Su presencia na Iglesia El Camino. El a manda un donacion di 16.000 florin pa paga notario y e Iglesia a bira doño di su edificio. Tur dos cos a sosode milagrosamente!

Tin dos pareha di Iglesia Bon Nobo cu a testifica cu Dios a manda nan pa yuda na El Camino. Sr. Ovandi y sra. Higinia Hirschfeld y sr. Lloyd y sra. Froukje Wever ta esnan cu a bin fortifica e liderazgo consistiendo di Pastor Edsel y sr. Jarvis Winklaar, cu ta esnan cu a keda den liderazgo na e momento di e kiebro.
Fundacion Centro Comunitario El Camino a cambia di nomber y a bira 'Centro Comunitario El Camino' y ya no ta un ministerio direct di Iglesia sino un refuerso. Pa medio di e fundacion aki Iglesia El Camino ta ganando alma, sanea e comunidad y sembra e Palabra den bida di famia y na sociedad!

A cuminsa tambe cu mini school di Bijbel. Dos of tres bes pa aña ta instrui e Iglesia un siman largo riba Doctrina Biblico. Maestronan di afo, di Aruba y Pastor Edsel mes ta duna e cursonan aki. Gloria na Dios cu e creyentenan a sigui crece spiritualmente y tambe cu e cantidad di creyente a sigui crece den un forma stabiel. Tambe Dios a manda yudansa pa liderato den persona di Gedeon Granviel, kende a gradua na school di Bijbel na Argentina. Ora el a bolbe Curaçao y a casa cu Suraily, nan a bin biba na Aruba y a sirbi Dios pa algun aña na El Camino. Gedeon y Suraily nan ayudo a yega na un momento cu pareha Edsel Granviel tabatin hopi mester di yudansa y forsa di Dios. Nan a yuda den predicashi di e Palabra, alabansa, organisamento di campamento, discipulado, bishitamento y tambe den administracion. Suraily a funciona dos aña den un proyecto di restaura hende y yuda pone nan bek den e mercado laboral na Aruba. Esaki tabata un proyecto piloto di Centro Comunitario El Camino.

Tambe Dios a manda Luis (Bochi) Kirindongo y su esposa Elmira Aruba pa tres aña pa Bochi su trabou secular. E pareha aki a evangelisa y discipula un grupo na nan cas. Te awe nan ta Cristiannan cu ta cana cu Dios. Nan aporte den alabansa, intercesion y liderato tambe tabata di hopi ayudo y sosten pa e obra di El Camino.
Iglesia pa mucha a cuminsa bek y ta creciendo. Iglesia El Camino ta experiencia Dios Su gracia dia tras dia. Y por bisa cu ni e pandemia no a zwak'e, sino mas bien a fortalec'e!

Continuacion di e tarea di edifica creyente y evangelisa

Liderazgo di El Camino ta siguiendo cu e tarea di edifica creyente y evangelisa.
Dia 7 di september 2019 Iglesia El Camino a haci un esfuerso evangelistico cu a entretene y evangelisa 150 mucha. Esaki a resulta den un klas di 36 mucha cu a gradua despues di 13 siman di discipulado clasical. Esey a trece un crecemento di Iglesia y Iglesia pa mucha. E ultimo temponan aki por mira cu nos muchanan mas

grandi mester di siña Bijbel mas na nivel di retonan den mundo y a cuminsa un klas di hoben basta chikito cual ya a cuminsa expande.

Nos tin e siguransa cu Dios Kende a cuminsa e obra y cu a permiti tur loke a pasa y ta pasando, tin e futuro di Iglesia El Camino tambe den Su man. E lidernan di El Camino ta sigui haci oracion y traha pa Dios Su reino. Cu fe y speransa Iglesia El Camino ta sigui confia den e promesa cu e cabes di Iglesia, Hesucristo, a duna misionero Pastor Edsel Granviel, ora El a yam'e pa e ministerio aki.

Revelashon 3:8

"Mi konosé bo obranan. Mira, Mi a ponebo dilanti un porta habrí ku ningun hende no por sera, pasobra bo tin poko poder i a warda Mi palabra,
i no a nenga Mi nòmber."

Rumannan di Iglesia El Camino.

Edificio di Iglesia El Camino 2022.

SEKSHON 4

HISTORIA DI E OBRA DI ALIANSA EVANGÉLIKA NA BONEIRU

BONAIRE

KAPÍTULO 30

HISTORIA KONDENSÁ DI E OBRA DI ALIANSA EVANGÉLIKA NA BONEIRU.

Mishoneronan Earl i Ruby Ressler

Earl i Ruby Ressler, mishoneronan di TEAM for di Merka a yega Boneiru dia *8 di desèmber 1952*, kombensí ku Dios a yama nan pa prediká e evangelio na Boneiru. Promé ku esei, na aña 1951, famia Ressler a pasa Aruba pa nan siña idioma papiamentu pa un aña. Na Aruba nan a topa ku Manuel Winklaar (Mani) kende tabata konosé Kristu kaba komo su Salbador personal. E tabata traha na Aruba i tabata hasi orashon pa mishonero por yega Boneiru tambe.

Pues no tabata un koinsidensia ku Manuel i e famia mishonero akí a topa na Aruba, ma tabata Dios kontestando orashon.

Un luna promé ku Famia Ressler a yega Boneiru, Manuel tambe a regresá pa biba na Boneiru bèk.

Atrobe nos ta mira e Man Poderoso di Dios obrando i moviendo, kumpliendo asina ku Su boluntat den nos bida, na fabor di e avanse di Su obra!

Famia Ressler a biba na Nikiboko pa vários aña den e kas nèt pariba di e edifisio di e iglesia aktual. Na Nikiboko minister i señora Ressler, manera tabata yama nan, tabata bishitá e hendenan i tabata hunga ku e muchanan di bario. Asina nan a disidí pa kuminsá ku klas pa muchanan di bario na nan kas. Riba 4 di mart 1953 tabatin e promé klas i nuebe mucha a asistí. Maske ku tabatin hopi oposishon di e Pastor Katóliko kende a stroba e muchanan di asistí na prinsipio, tòg segun tempu tabata transkurí, e klas a sigui krese i asina nan a kuminsá ku sirbishi riba djadumingu atardi tambe. Tin momento ku ta Manuel Winklaar so tabata na sirbishi, pero el a kuminsá buska hende i a trese na sirbishi. Nan tabatin tambe programa di Pasku i Sena di Señor.

Na desèmber den temporada di Pasku, famia Ressler a repartí kaha ku mangel pa e muchanan den bario di Nort di Saliña. Nan a sigui bishitá kasnan i un tata di famia a mustra interes pa nan sigui risibí bishita. E famia tabatin hopi yu i asina nan a kuminsá ku un klas pa mucha na nan kas. Mas hende a kuminsá bira interesá pa skucha di e Palabra i oportunidat a presentá ku minister Ressler por a kumpra un kas na Nort di Saliña kaminda nan por a tene sirbishi. Aki atrobe tabatin masha oposishon di e Pastor Katóliko kende tabata bin pa stroba mucha i hende grandi di bai sirbishi. Na mei 1955 tabatin sirbishi evangelístiko ku Vondal L. Martin for di Kòrsou. Aki sra. Isabel Anthony a konosé Kristu.

Durante di aña 1955 pa 1956, temporada ku mishonero Edgar Martens i famia, mishoneronan ku tabata biba na Aruba, a bin pa atendé ku e ministerio pa famia Ressler bai ferlòf, Edgar a traha e edifisio na Nort di Saliña. I mesun *aña 1956* ku famia Ressler a regresá, nan a dediká e Iglesia di Nort di Saliña. Kreyentenan di Nikiboko tabata asistí na sirbishi di Nort di Saliña, pero e klas di mucha si a kontinuá na Nikiboko.

Ta bon pa remarká esaki, ku apesar ku a kuminsá ku e ministerio promé na Nikiboko, tòg ta na Nort di Saliña a traha e promé edifisio.

Miéntras ku e iglesia na Nort di Saliña tabata kresiendo, nan a kuminsá haña un karga pa alkansá otronan pa Kristu. Pues nan a kuminsá haña karga pa e pueblo di Rincon. Minister Ressler a kuminsá pasa kas pa kas na Rincon repartiendo traktado. Nos tabata hasi hopi orashon pa Rincon i asina Señor a guia nos pa fia un tènt grandi ku nan a usa pa evangelisá na Kòrsou. I den luna di novèmber 1959 tabatin diesun anochi ku sirbishi evangelístiko na Rincon. Den yanüari 1960 a bolbe lanta e tènt i durante di kuater siman tabatin sirbishi evangelístiko na Rincon. Pa Rincon esaki tabata tempu pa planta i pa Nort Saliña tabata tempu pa kosechá. Durante di e lunanan ku a sigui, a kuminsá traha un edifisio na Rincon i djadumingu

17 di yüli 1960 tabatin e sirbishi di dedikashon.

E deseo pa por tin un iglesia na Nikiboko no a disparsé, e pueblo di Nikiboko tabata ekspresá e deseo akí kontinuamente. Na aña 1970 iglesia di Nort Saliña a kumpra e pida tereno na Nikiboko pegá ku e kas kaminda Minister Ressler i famia tabata biba, esei ta e tereno aktual di Iglesia di Nikiboko na Kaya Emerenciana #35.

Na aña *1971* minister Ressler a bolbe organisá un kampaña bou di un tènt grandi riba e tereno na Nikiboko. Vários persona a konfia Kristu komo nan Salbador.

Durante di e periodo di 1971 pa 1974 minister Ressler a tene e sirbishinan na kas di rumannan Prospero i Lina Silberie i tambe na kas di Gladys i Prospero Paula na Nikiboko Nort.

Na aña *1973* a kuminsá ku konstrukshon di e edifisio pa iglesia di Nikiboko i riba *19 di yüli 1974* a tene un sirbishi di dedikashon di e iglesia di Nikiboko.

Remarkabel ta ku na Boneiru for di tempran Minister Ressler a konstruí dos santana pa e Iglesianan Evangélika. Un na Playa, kaminda Miguel Anthony i Martins Cicilia i otronan a yuda den su konstrukshon i mas despues a konstruí un na Rincon tambe. Den su buki 'God Did It', Minister Ressler ta splika ku tabatin un dilema pasobra e personanan tabata preokupá ku iglesia Katóliko lo no duna nan un entiero respetá debí ku nan a aseptá Kristu i no ta katóliko mas. Asina Minister a pidi gobièrnu pèrmit pa e kumpra un pida tereno pa traha santana, i a haña pèrmit pa hasi esei.

Awor e hendenan sa ku ora nan aseptá Kristu i bin na Iglesia Evangélika, nan no mester tin miedu di e menasa di e Pastornan Katóliko tokante di nan entiero.

Minister i Señora Ressler.

Komunion di Iglesianan ku a tuma lugá den e promé aña tabata konsistí di 35 bishitante di Aruba i Kòrsou. E Komunion di Iglesianan akí tabata tuma lugá tur aña i kada aña un isla tabata na turno.

Riba 1 di yüli 1987 Minister Earl i señora Ruby Ressler a terminá e tempu ku Señor a stipulá pa nan traha aki na Boneiru i nan a regresá Merka bèk.

Dia 31 di desèmbèr 2000, TEAM (Mishon Aliansa Evangélika) ofisialmente a deskontinuá su ministerio na nos islanan Karibe Hulandes despues di 69 aña. Sin embargo e obra di Señor ta kontinuá i Señor ta sigui buska sirbidó fiel.

> "...i riba e baranka aki lo Mi traha Mi iglesia;
> i e portanan di fièrnu lo no triunfá riba djé."
> Mateo 16:18b

KAPÍTULO 31

HISTORIA DI IGLESIA ALIANSA EVANGÉLIKA 'EBENEZER NORT SALIÑA'

Edifisio Iglesia Nort Saliña 1956

Fundashon di e Iglesia 1956 pa 2004

E ministerio na Nort Saliña a kuminsá, na momento ku minister Ressler i Señora (manera e bonerianonan tabata yama nan) tabata pasa bishitá hende kas pa kas den e bario ei. Durante di e temporada di Pasku nan tabata repartí pakete ku mangel pa e muchanan. Esaki a toka kurason di un famia. Na yanüari nan a bolbe serka e famia pa lesa Beibel i hasi orashon i asina e famia a ofresé nan kas pa por hasi klup di mucha i kualke otro sirbishi ku nan tabata deseá. Esei tabata e apertura pa klas di mucha i sirbishi. Esaki no a sosodé sin basta oposishon fuerte di parti di e Pastor Katóliko ku tabata spanta e muchanan. Hende tabatin masha miedu di dje i debí na tur e oposishon ku tabatin, nan a haña nan obligá na hiba e klasnan di Skol di Djadumingu bèk na Nikiboko.

Minister Ressler a kontinuá ku bishitamentu i partimentu di traktado. I a traves di tur e opstákulonan akí, poko poko, hende a kuminsá aseptá Kristu.
Nan a kumpra un kas pa tene sirbishi. Hopi hende hòmber tabata adikto na alkohòl, pero Señor tabata transformá nan bida. Den e ministerio na iglesia di Nort Saliña tambe, Manuel Winklaar tabatin un ròl grandi. E tabata buska hende trese na e sirbishinan.
Mishonero Edgar Martens a traha riba e edifisio di iglesia i ofrenda tabata drenta for di hende lokal, e mishoneronan i for di e Mishon. Tabatin donashon di material di un persona na Aruba. Na aña 1956 famia Ressler a regresá Boneiru bèk for di Merka i nan a trese

e klòk pa e iglesia. Riba *29 di yüli* di e aña ei a dediká e iglesia.
Na aña 1958 tabatin un programa di Pasku ku mas di 125 persona den e iglesia. Esei ta obra di Señor.

Algun famia ku tabata sirbi Señor durante di e periodo di inisio i drentando añanan 70 tabata: Isabel Anthony i su kasá, Miguel i Antionette Anthony, Fabi i Chica, John John Martijn, Thomas Mashi, Antonio i Pimpina Nicolaas, Simon Peter Cicilia (Shon Pe) i famia, Martinus (Tinchi) i Seferina Cicilia i famia, Feli i Dooi Leonisia, Nico i Petra Winklaar, Micaela Melaan, i mas despues Lupe i Boeboei Martijn, Johannes i Annie Francees, Pedro Shòròmbu i Virginia Statie, Shòròmbu Everts, i Victor Janga i otronan.
Iglesia di Nort Saliña tabata konosí pa su grupo di músiko maskulino, kendenan tabata tokadó di kuarta, kitara i mandolin.

Pastornan

Na aña 1971, Pastor Hipolito Zievinger huntu ku su esposa Gloria i nan yunan a bin Boneiru pa Polito bira e pastor na Nort di Saliña. Nan a sirbi di 1971 pa 1980. Pedro Statie i Papa Francees tabata ansiano di e periodo ei miéntras ku sekretaria tabata Annie Francees i tesorero tabata Lupe Martijn.
Minister Ressler tabata na enkargo di e iglesia akí durante di 1984 pa 1986.
Iglesia di Nort Saliña a sufri diferente atake pisá di e enemigu. Diferente ruman a bandoná e fe i a bandoná

e iglesia i bai kongregá ku e movementu pentekostal ku a lanta kabes den e periodo akí. Minister Ressler den su buki ta relatá: "Si ántes e oposishon tabata bini di pafó, awor e oposishon ta bini di paden mes."
Un kos ta sigur, e Iglesia di Kristu ta sigui avansá apesar di lucha i prueba.
Di otro banda tabatin tambe periodo di viktoria i triunfo. Durante aña 1988 e ministerio di hubentut a bona i a trese tempunan di goso, pasobra Palabra di Bida a atendé ku klup di hubentut bou di guia di Kenneth i Ana Ansano di Kòrsou huntu ku Papa i Annie Francees. Esei tabata tremendo tempu di kresementu spiritual pa e hóbennan.

Dean Ressler a pastoriá e iglesia di Nort Saliña pa un periodo na 1989.
Alejandro Martinus a pastoriá e iglesia akí di 1991 pa 1995.
Na 1997, Dean Ressler tabata pastoriá na Nikiboko, i manera Dean a deskribí: "A parse ku iglesia di Nort Saliña lo spat for di otro, p'esei ku konseho di lidernan di 'Komunion di Iglesianan', Dean a regresá un bes mas pa pastoriá e iglesia di Nort Saliña dia 30 di mart, 1997."
Den e periodo di yüni 2001 te sèptèmber, 2002 famia Dean Ressler a bai Merka i Carlos i Ruth Perdomo a bin pastoriá iglesia di Nikiboko i Nort Saliña durante ousensia di Dean i Ingrid Ressler.
Ora Dean i famia a regresá Boneiru na 2002, nan a konsentrá eksklusivamente riba iglesia di Nort Saliña. (Asistensia tabata 19 e promé djadumingu.)
Ministerionan tabata entre otro klas di Skol di

Djadumingu, programa spesial, retiro di iglesia, klup di damas i kampamentu.

Tempu difísil

Durante e añanan akí tabatin momentonan difísil pa e iglesia di Nort Saliña ku no tabatin un pastor pa un temporada basta largu. Ruman Freddy Cicilia tabata na enkargo di aktividatnan rutinario i plannan di e iglesia. Rapòrt di iglesia di 2004 ta bisa: "Siendo un kongregashon sin pastor, sin direktiva, sin membresia òf otro forma di organisashon, Iglesia Ebenezer tabatin un grupo konstante di 14 persona riba djárason pa orashon. Riba djadumingu mainta un kantidat di 40 persona. Rumannan ta dispuesto pa traha. Na aña 2002 pastor Dean Ressler a regresá Boneiru komo mishonero pastor i a kuminsá pastoriá Nort Saliña te ku desèmber 2003. Pastor Dean a regresá Merka i na fin di ougústús 2004 a partisipá na e kongragashon por eskrito, ku entrante di 1 di sèptèmber Pastor Ludwig Maria lo ta enkargá ku e pastorado na Nort Saliña, esei ku aprobashon di Komunion."
Aktividat ku tabatin durante di e periodo akí tabata: Sirbishi di adorashon, sena di Señor, Dia di Bishitante, sirbishi di orashon, orashon djasabra mainta, klas pa mucha i enkuentro sosial.

Periodo di Refreskamentu

Pastor Ludwig ta konta ku na aña 2004 Pastor Dean a aserká nan famia pa tira bista riba e iglesia pa motibu ku e mester a sali pa eksterior pa motibu familiar.

Aseptando e petishon pa yuda, el a haña e iglesia ku mas o ménos 40 pa 50 ruman ku tabata lucha pa sigui ku sirbishi di djadumingu mainta, anochi i djárason anochi. Pa un tempu sirbishinan a keda meskos pero despues, pa motibu di su enkargo na iglesia di Rincon riba djadumingu esei a bira demasiado pisá, pues a akordá ku rumannan di Nort Saliña pa laga e sirbishi di djadumingu anochi kai.

Pastor Dean a bolbe pa un tempu kòrtiku, pero mester regresá Merka pa asuntunan personal.

Na e último salida di Pastor Dean pa Merka, el a bolbe aserká pastor Ludwig pa pidié sigui tira bista na Nort Saliña, i na e okashon ei sí nan a yega na akuerdo pa Pastor Ludwig tuma e ministerio komo pastor di iglesia di Nort Saliña. I den akuerdo mutuo ku lidernan di Rincon kaminda e tabata pastor, nan a instalá Pastor Ludwig komo pastor na Iglesia na Nort Saliña tambe.

Na komienso di e ministerio mester a restrukturá. El a konfia Dios i a sigui traha riba algun nesesidat spiritual i físiko di e iglesia. E rumannan no tabata organisá i e edifisio tabata falta hopi atenshon. Tabatin diferente proyekto ku a yega di kuminsá un tempu pero pa rasonnan 'deskonosí' no a kontinuá pa diferente aña.

Huntu ku rumannan ku a keda fiel na e sirbishinan, nan a kuminsá atendé nesesidat spiritual i físiko di e iglesia.

- A kuminsá ku estudio básiko
- Drecha dak di e edifisio eksistente
- Despues a kuminsá traha baño i a traha riba e área 'multi funshonal'.

Trabou a sigui riba e ministerionan ku tabata eksistente. Ministerio manera:

- Boutismo: prepará i batisá esnan ku tabata pendiente.
- Sena di Señor: no tabatin Santa Sena regularmente.
- Skol di Djadumingu: tabatin Skol di Djadumingu pa muchanan so.
- Damas: no tabatin enkuentro di damas.
- Klup: no tabatin klup mas.

Durante e periodo akí tabatin un pastor, huntu ku apoyo di lidernan-ansiano di iglesia di Nikiboko.
Komo meta i vishon di e iglesia a proponé ku pa e próksimo sinku aña, e iglesia tin su ansianonan i lidernan, i bira un kongregashon ku a krese den kalidat i kantidat, impaktando esnan ku no konosé Kristu, pa guía nan na salbashon den Kristu Hesus.

Skol di Beibel Esdras

Ministerio a kuminsá kana i Dios a pone riba kurason di Pastor Ludwig pa kuminsá ku e ministerio di un Beibelskol. Señor a habri un bunita porta kaminda por a hasi uso di lokal na 'Scholengemeenschap Bonaire' pa asina por duna e lèsnan. Fasilitadónan tabata Randolf Paula, Pharence Mercera i Ludwig Maria.

Plan di Konstrukshon pa ekspandé

Mirando nesesidat físiko i spiritual di iglesia na Nort Saliña, nos a bira konsiente ku e fasilidatnan di iglesia ta kontribuí tambe na su parti spiritual. Un sitio amplio kaminda e Iglesianan por reuní pa organisá aktividat huntu ta algu ideal, asina Dios a pone riba nos kurason pa traha riba un plan na bienestar di e obra lokal i nashonal.

Pues e meta tabata pa mehorá e fasilidatnan di iglesia di Nort Saliña pa e obra kontinuá optimalmente i ofrese un edifisio kaminda iglesianan IAE na Boneiru por reuní pa aktividat mas grandi ku e propósito di engrandesé e obra na nivel lokal i nashonal.

Nos tabata mira posibilidatnan ku Dios tabata ofresé pa realisá e proyekto grandi akí.

Pasobra nos a kaba di regla tur papel ofisial pa haña un tereno 'erfpacht' ku tabata pendiente, destiná pa parkeo i espasio pa hunga, patras di e tereno eksistente di Nort Saliña. Esaki a habri posibilidat ku nos por a haña mas espasio pa traha riba un plan mas kompleto.

Lidernan di Iglesia Aliansa Evangélika den orashon pa e proyekto di Edifisio Nobo

Ounke no tabatin hopi ruman den iglesia ni forma finansiero visibel den nos man, pero komo yunan di Dios ku ta kere den E Dios ku ta proveé i ku E ta kapas pa yuda Su yunan, a traha un plan. Nos a hasi preparashon pa kuminsá pa medio di fe i den nòmber Señor Hesus, hasidó di milager.

Nos a presentá e plan pa medio di un video 3D na lidernan di Iglesia Aliansa Evangélika, durante un reunion di delegado ku tabatin aki na Boneiru. Na e okashon ei a presentá e proyekto den man di Senor.

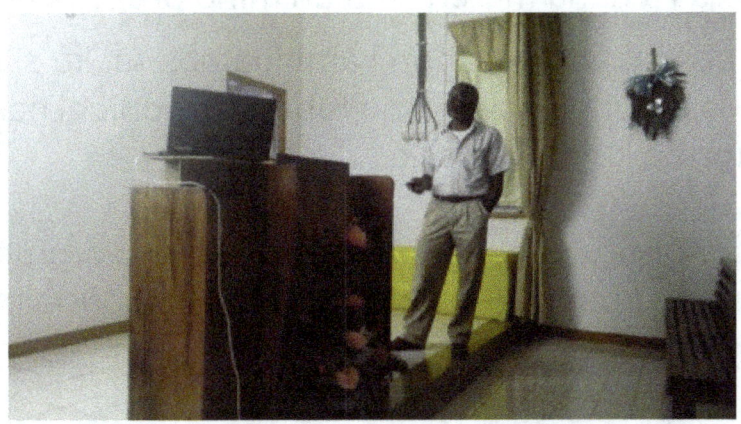

Pastor Ludwig Maria dunando presentashon di e proyekto Edifisio Nobo.

A pidi e pastornan, ansianonan i lidernan di e iglesianan pa hasi orashon i yuda kaminda nan tabata por i ku loke por. Asina ku a kuminsá dal e stapnan di fe, nos a mira klaramente kon Dios a dirigí. Dios a sigui dirigí grandemente, na diferente forma i a través di diferente persona.

- Tur Iglesianan Aliansa Evangélika di Aruba, Kòrsou I Boneiru, di un o otro forma a apoyá e proyekto.

- Rumannan individual, a duna nan kontribushon i a traves di nan iglesia nan a duna sumanan supstansial.

-Algun ruman ku no ta asistí na nos iglesianan, na Boneiru i Kòrsou, ku a mira e proyekto den medio sosial, a yega i a duna un man.

-Algun persona ku ainda nos no konosé a aserká i a duna sumanan grandi ora nan a opservá konsistensia di e konstrukshon.

-Tabatin koperashon grandi di kontratista ku a koperá i a haña material na un mihó preis.

Hopi bes tabatin okashon kaminda nos sa, ku si no ta pa Dios, e kurasonnan lo no tabata disponibel pa yuda na e forma ku nan a hasié.

Nos por bisa ku tabatin diferente desaroyo promé ku e proyekto a kuminsá, promé ku 2015. Pero ofisialmente e proyekto a kuminsá na aña 2015.

Trabou preparativo a kuminsá.

Awor un pregunta klave tabata: 'Ta kon ta hasi haña trahadó pa un proyekto asina grandi? Pa esei nos a traha riba un programa di trabou ku nos tabata yama: "Un siman pa duna un man". Un programa kaminda tabata invitá rumannan den Kristu pa koperá. Asina rumannan di diferente iglesia di Aruba, Kòrsou i Boneiru tabata bini i yuda.

Tabatin ruman ku na diferente okashon boluntariamente tabata paga trahadó pa hasi trabou. I asta tabatin ruman ku na várias okashon i pa várias aña, a ofresé nan trahadó pa yuda un biaha pa siman.

Grupo di trahadónan

Instalashon direktiva nobo

Instalashon Direktiva nobo. Mart 2019

Dia *14 di mart 2019*, a inskribí e asosiashon ofisialmente na 'Kamer van Koophandel', despues ku e tabata mas ku dies aña inaktivo.

Na e momento di inskripshon, Iglesia por a konta ku 15 miembro i algun otro rumannan den proseso pa bira miembro. Pa e okashon akí na mart 2019 a organisá un sirbishi di dedikashon, kaminda direktiva di Komunion tabata presente pa dediká e direktiva, konsistiendo di e miembronan: Sr. Ludwig Maria, sr. Randolf Paula, sr. Freddy Cicilia, sr. Donald Paula, sr. Sidney Paulina i sr. Gerry Jean Charles.

Último desaroyonan 2020-2022

Proyekto Óptimo na Nort Saliña.
Proyekto Óptimo ta un proyekto ku tur e iglesianan Aliansa Evangélika na Aruba, Boneiru i Kòrsou ta praktiká, kaminda ta animá i ta sostené hóben adulto pa nan prediká i hasi ministerio komo lider, ku e meta pa nan por tuma liderato ofer segun tempu yega.
For di 2020 nos a kuminsá duna oportunidat na tres ruman hóben ku a prepará na instituto bíbliko lokal i internashonal pa nan por ta predikando segun un skema ku tin pa nan. Nan ta hasiendo tremendo sirbishi den e área di prediká aki na Nort Saliña. Nan ta prediká spesialmente riba djadumingu. Nos ta masha agradesido na Dios i na nan, esta: Michael Martis, Sixto Trenidad i Jonathan Pourier.

Covid

Durante tempu di Covid, iglesia no tabata será pa muchu tempu; sirbishi tabata tuma lugá, teniendo kuenta ku regla di gobièrnu. Tabatin un periodo ku no por a reuní pa sirbishi, pero si tabata pèrmití pa traha riba e área físiko di e iglesia. Durante di e tempu ei tantu rumannan muhé komo hòmber tabata reuní pa avansá riba e proyekto akí. Nos a disfrutá di bon tempu di komunion.

Ministerionan aktivo

Awor na 2022 tin e sirbishinan regular djadumingu mainta i djárason anochi.
Freddy Cicilia ta na enkargo di e sirbishinan di orashon riba djárason anochi.
Riba djadumingu mainta ta prediká Pastor Randolf Paula i tambe e hóbennan di Óptimo segun nan turno.

Promé iglesia Uní den 2022

Aña 2022 ta aña pa Komunion di iglesianan di Aruba, Bonaire i Curacao. Boneiru lo host e komunion akí, kaminda ta sperando ku sumo plaser rumannan di e diferente islanan pa partisipá. Esaki lo bira un bunita reenkuentro despues di e periodo difísil di Covid. E komunion di e aña akí lo tuma lugá na 'Iglesia Aliansa Evangélika Ebenezer' na Nort Saliña i ta un goso pa por hasi uso di edifisio nobo na Iglesia di Nort Saliña.
Antisipando e okashon akí, riba dia 3 di aprel 2022 a tene e promé sirbishi uní ku rumannan di Nikiboko, Rincon i Nort Saliña. Ta motibu pa gradisí Señor.

Sirbishi Uni na Nort Saliña
ku predikadó Pastor Randolf Paula. Mart 2022

Rumannan na Sirbishi Uni.

KAPÍTULO 32

HISTORIA DI IGLESIA ALIANSA EVANGÉLIKA 'SALU DI TERA RINCON'

Potrèt aktual di Iglesia Salu di Tera

Rincon, Un Alkanse Mishonero

Inisio di Iglesia di Rincon 1959 pa 1980

Segun e iglesia di Nort Saliña tabata krese, e kristiannan a haña un karga pa alkansá otronan. Drumí meimei di serunan te leu aya riba isla di Boneiru, tabatin e pueblo chikitu di Rincon drumí na soño. Rincon tabata sa masha tiki di religion aparte di e religion katóliko ku tabata e religion establesí. E karga pa e dos mil habitantenan tabata sosegá konstantemente riba e kurason di e mishoneronan Minister Earl i señora Ruby Ressler i tambe riba kurason di e rumannan di Nort Saliña. Kon nos por alkansá Rincon pa Kristu?

E manera ku Minister Ressler a usa pa drenta e pueblo di Rincon tabata pasando kas pa kas i parti literatura kristian. I nan a kompañá esaki ku hopi orashon.

Kampaña evangelístiko ku tènt

Finalmente Dios definitivamente a guia Famia Ressler pa fia un tènt grandi, ku Iglesianan Aliansa Evangélika di Kòrsou tabata usá pa Evangelismo. Gezaghèber di e tempu ei a spièrta nan pa tuma hopi prekoushon pa protehá e tènt for di vandalismo. Manera mayoria okashon públiko, Rincon diripiente a haña bida durante di diesun anochi konsekutivo di sirbishi den novèmber 1959. E promé anochi hendenan di e bario di Rincon tabata duda un tiki, pero gradualmente nan a move bin na e tènt.

Nochi tras anochi e Spiritu Santu a hasi e bèrdat di e kaminda di salbashon simpel pa tur por komprendé. Philomena Janga un hóben di 15 aña a aseptá Kristu komo su Salbador. Apesar ku durante di e promé añanan el a keda leu, despues el a bira parti di e kongregashon di Rincon.

Miéntras algun a pensa seriamente pa tuma e desishon di sigui Kristu, e aktitut general tabata: "Nos ke tende mas." Pero 'Kon nan lo por tende?' I despues pa dos luna, nan a bolbe habri e tènt na e mesun kaminda, pero awor pa kasi kuater siman. Pa Rincon tabata e tempu di sembra e simia i pa Nort Saliña tabata e tempu pa kosechá.

Famia Ressler a skirbi den nan karta di orashon di 18 di desèmber 1959: "Konosiendo e pensamentu di e lokalnan di Antia Hulandes, segun Señor ta guia nos, nos ta plania pa traha un iglesia chikitu i simpel na Rincon mas pronto ku ta posibel. Pasobra si nos no move lihé e kultonan lo avansá dilanti di nos, i e kousa di Kristu lo bai pèrdí den Rincon."

Banda di kaminda ku a habri e tènt pa kampaña, tabatin un seru chikitu ku su beinam tabata 'Ser'i Diabel', yamá asina pa e Pastor Katóliko, pasobra den pasado tabatin tambú bispu di aña nobo, mKéntras ku nan no tabata bai misa. Tambe tabatin bebementu i bringamentu, i Pastor Katóliko tabata bai kore ku nan ku sota di karbachi. ("Rincon manera mi a konosé" di Broechi Janga, pag. 20 i 21.)

Diferente anochi, na momento ku Minister Ressler tabata protehá e tènt, e tabata kana bai bini riba e famoso Ser'i Diabel, kaminda e tabata hasi orashon fervientemente entregando e tereno ei ku fe na Dios. Asina ku despues minister Ressler a manda aplikashon pa gezaghèber, pa pidi pèrmit pa por hür e tereno ku e propósito di traha un iglesia chikitu. Dios a obra grandemente i a kontestá e orashon mas lihé ku el a pensa, pasobra gobièrnu tabata masha koperativo, i nan a duna e pèrmit pa e tereno.

Mira kon Señor Dios ta obra, un iglesia riba Ser'i Diabel!

Edifisio di iglesia di Rincon

Desaroyo a kontinuá lihé tras di otro i riba 29 di mart 1960 a koba fundeshi. E rumannan den Kristu mes a yuda ku mayoria proyekto manera: basha fundeshi i traha blòki. Despues di tres luna i mei di trabou duru i orashon, Dios a rekompensá e esfuersonan i un edifisio di 24x36 pia ku un toren i klòk, tabata pará komo un bendishon i testimonio di e provishon di Señor.

Djadumingu 17 di yüli 1960, e iglesia tabata yen yen pa e sirbishi di dedikashon. Gezaghèber tambe tabata presente. Iglesia di Nort Saliña a asumí responsabilidat kompleto pa e iglesia di Rincon komo un proyekto mishonero.

Konstrukshon di Edifisio Salu di Tera.

Diferente ministerio i aktividatnan

Durante di e periodo akí diferente aktividat i ministerio a tuma lugá. Tabatin estudio di Beibel, programa spesial temporada di Pasku, klas pa mucha, bishitamentu di famia, boutismo etc.
Tabatin tambe inisio di Komunion di Iglesianan di Aruba, Boneiru i Kòrsou.
E temporada akí ta marká tambe pa hopi oposishon di parti di e Pastor Katóliko di e tempu ei. Meskos ku na e dos otro bario kaminda minister Ressler tabata evangelisá, bishitá i prediká, asina a sosodé na Rincon tambe: Pastor Katóliko a spanta hopi mucha i a rabia ku mucha i hende grandi. Vários kreyente a sufri maltrato serka e Pastor Katóliko.

Un sla duru pa e ministerio tabata na aña 1967, kaminda minister Ressler i famia mester a bai ku ferlòf Merka. Nan a entregá e obra di Rincon na un persona lokal, i despues di einan e problemanan i difikultatnan a kuminsá. E enemigu a trata tur manera pa destruí e iglesia. Pa e temporada ku Famia Ressler a bolbe di Merka na 1972, solamente tabatin dos di e keredónan. I nan mester a aseptá un reto nobo i bolbe tuma e trabou di Rincon bou di nan enkargo.

Dia 10 di aprel 1977, yu hòmber di Earl i Ruby Ressler, Dean Ressler a graduá na 'Prairie Bible Institute' i dia 2 di mei 1977, Dean a sali pa Boneiru pa remplasá su mayornan durante nan ousensia na Merka; pues el a funshoná komo pastor interino di iglesia di Rincon. Esaki tabata un aventura nobo tantu pa Dean komo su mayornan. Kasi mesora na Dean su yegada na Boneiru, el a kondusí su promé entiero di Edwin Sintjago, Minister Ressler su man drechi na Iglesia di Rincon. Dean ta relatá: "Durante e diessinku luna mi a siña hopi. Poko siman despues di kuminsá e ministerio na Rincon, mi a hañá mi purá ora Edwin Sintjago a fayesé. Pastor Mishonero Brom Cowser a bin pa e entiero for di Kòrsou."
I dia 17 di ougùstùs 1978 Dean a regresá Merka pa kontinuá ku su estudio.

Dean ta skirbi den un relato ku su tata tabata ke kontinuá ku e ministerio na Rincon.

Iglesia tabata krese, ma el a realisá ku iglesia di Rincon tabata mas mihó pa un pastor

yòn. Pues, el a sakrifiká i a sigui traha te ora Dean a regresá Boneiru dia 30 yüni 1980.

Asina Dean a tuma enkargo di iglesia di Rincon i minister Ressler a kontinuá ku iglesia di

Nort Saliñá. Na tempu apropiá, bishita di 'Youth in One Accord' di Houghton College a yega. Nan tabata di bishita na tur tres iglesia di Boneiru durante luna di yüli, 1980. Esei

tabata un gran enkurashamentu.

Establesimentu di e iglesia 1981 pa 2000

Riba e fechanan 21 pa 25 di òktober 1981 Komunion di Iglesianan a tuma lugá den un tènt grandi riba e tereno dilanti Iglesia di Rincon. Mas alma tabata salbá durante e añanan ei. Tabata un goso pa mira kon un bispu di Pasku, Papasito van Arneman a bini na Señor, i despues bira e promé ansiano di Iglesia di Rincon.

Riba promé di yanüari 1982 Dean a asumí responsabilidat kompleto komo pastor di Iglesia di Rincon. Dia 2 di aprel 1982 Iglesia di Rincon a haña su konstitushon ku ansianonan: Albino 'Papasito' van Arneman i Sigfried Quarton. Dean a sigui traha te den añanan 1994-1995, ora ku Dean a mira ku su trabou na Rincon tabata kompletá i ku e lidernan mes por tuma tur e responsabilidat, el a bai konsentrá mas tantu na Iglesia di Nikiboko. Asina a sosodé ku di 1996 te gran parti 1999, Iglesia di Rincon a permanesé bou di responsabilidat di e dos ansianonan esta, Papasito van Arneman (q.e.p.d.) i Sigfried Quarton i Rudsel Mercelina komo diákono.

Ministerionan i aktividatnan durante e periodo akí

-Klup di mucha ku lidernan manera: Magda Janga, Rosa Julia Sintjago, Juliana van Arneman, Edith Mercelina, Erick van Arneman, Betty Jansen.
-Klup di hubentut bou di lidernan: Sigfried Quarton, Rudsel i Edith Mercelina, Erick, Gino i Gregory van Arneman, Daniela Clarenda, Gilda i Abia Sintjago, Irving Beaumont.
-Klup di damas ku e siguiente lidernan: Juliana van Arneman, Rosa Julia Sintjago, Shon Keta Clarenda, Malva Winklaar, Irene Vlijtig, Philomena Beaumont.
- Kor di iglesia bou di guia di: Gino van Arneman.

Diferente aktividat a tuma lugá durante di e periodo akí manera: retiro, kampamentu, komunion di iglesia i boutismo. Tambe tabatin personanan ku a sali pa bai studia na Skol di Beibel. Nan ta Erick van Arneman i Sonaida Sintjago, tur dos a bai studia na 'Bluewater Bible College na Saint Thomas', i aktualmente nan ta mishonero den eksterior: Erick na Sint Maarten i Sonaida na Merka!

Periodo di 2000 pa 2022

Despues di hopi orashon i buskando Dios Su Boluntat pa un pastor, Dios a pone riba kurason di Ludwig i Maria Maria pa nan tuma responsabilidat kompleto di e Iglesia di Rincon komo Pastor te ku yüni 2007.

Di 2007 te ku 2008 Iglesia tabata bou di enkargo di e

Ansiano Sigfried Quarton ku despues di un periodo a pidi su retiro. Despues di esaki den e periodo di 2008 te ku 2011 iglesia di Rincon a sigui bou di responsabilidat di Rudsel Mercelina ku a traha un direktiva konsistiendo di kuater ruman hòmber di Iglesia pa yud'é ku maneho di e iglesia, te na prinsipio di 2011 ora ku tres di e rumannan ei a disidí di bai kongregá na un otro Iglesia. Na 2010 Iglesia di Rincon a selebrá su 50 aniversario ku hopi ánimo i dedikashon di rumannan. I a grabá e promé CD.

Otro periodo difísil pa iglesia di Rincon tabata na aña 2011 na momento ku diferente ruman a disidí di bai kongregá na un otro Iglesia Evangélika. Esaki tabata un prueba hopi grandi. Aki a nombra Gino van Arneman komo ansiano i Irving Beaumont komo komisario pa yuda Rudsel Mercelina ku e obra.

Ansiano Rudsel Mercelina

Apesar ku e iglesia a keda ku poko ruman, nos ta gradisí Dios pa e manera ku El a pone e iglesia bèk riba pia i ku diferente ministerio nobo a kuminsá, esta: ministerio di kuarta bou di guia di Rudsel Mercelina ku ta ful aktivo den parti di alabansa tur djadumingu mainta, bishitá kas riba petishon pa kanta, animá i hasi orashon pa diferente okashon, esta malesa, kumpleaño, ora un ruman pa un òf otro motibu no por bin sirbishi i tambe na ora di entiero. Tur desèmber e grupo tabata bishitá kas di

Grandinan pa animá i deleitá nan ku kantika di Pasku i pa kompartí e Palabra di Dios.

Otro ministerio ku a kuminsá kuné tabata orashon kombiná ku desayuno. Un bes pa luna riba djasabra mainta 6or, esei tabata sosodé bou di guia di Gino van Arneman.

Tambe un ministerio ku a kuminsá tabata estudio di Beibel tur djaluna anochi na kas di famia Vlijt. E famia ta hopi interesá i ta partisipá aktivamente den lesamentu i studiamentu di Skritura i orashon bou di guia di Rudsel Mercelina. Nos ta sali na febrüari i aprel pa un dia di Famia òf Day Camp riba dia liber ofisial. Ku goso den nos kurason i gratitut na Señor nos Dios, iglesia a selebrá su 55 aniversario na 2015, i a grabá e segundo CD ku kuarta i piano.

Pandemia

Na prinsipio di aña 2020, pandemia 'Covid 19' a kuminsá, loke a paralisá tur sirbishi. Esaki a guia pa kuminsá ku un ministerio nobo, esta e ministerio di graba mensahe chikitu i pone nan riba medio sosial, loke a haña un bon akohida. Rudsel Mercelina ta prepará mensahe, Gino van Arneman ta enkargá ku e parti di músika i Rudaliah Mercelina ta graba, editá i post riba media sosial, esta Facebook i Youtube.

Na aña 2020 Iglesia tabata den preparashon total pa selebrá su di 60 aniversario, i ku e pensamentu di graba nos di tres CD, pero Dios a disidí otro debí ku ainda e efektonan di e pandemia tabatei.

Pa iglesia di Rincon aña 2021 tabata un aña di reto, pasobra rumannan tabatin miedu di asistí pa motibu di e Pandemia i tabatin ruman ku a bira malu i tabata afektá ku e virùs; pues pa gran parti di aña no tabatin sirbishi. Nos a sigui animá a traves di e grupo di WhatsApp di Iglesia, manteniendo otro na altura ku petishon i gradisimentu di orashon i saludando otro diariamente.

Aña 2022 a kuminsá ku ménos efekto di e pandemia. Nos ta masha agradisido na Dios Kende a protehá i a duna forsa pa rumannan por a para firme i animá. Nos tin ku gradisí Dios ku nos a haña diferente ruman nobo ku ta asistí fielmente i ta partisipá aktivamente den diferente aktividat di Iglesia. Nos a hasi dos rekoudamentu di fondo preparando pa e selebrashon di 65 aniversario di Iglesia Salu di Tera Rincon, esaki bou di guia di nos rumannan Ralph i Ynolshka Sintjago i tambe ku ayudo di tur e rumannan di Iglesia.

Nos no ke keda sin menshoná rumannan ku a yuda den kresementu di e obra di Rincon, pero ku ya a bai serka Señor manera: Luis 'Wichi' Beaumont, kende pa hopi aña a habri porta di Iglesia pa sirbishi i bati klòk, ma mas ku tur kos su testimonio bibu na Rincon! Manuel 'Mani' Winklaar tabata un persona ku a yuda Minister Ressler hopi, tambe el a transportá hende pa e sirbishinan. Edwin Sintjago kende tabata den e parti di liderato i tabata un gran ayudo pa Minister Earl Ressler. Dario Sint Jago mihó konosi komo Dayochi, kende tabata fiel na sirbishi i tabata gusta testifiká. Magdalena 'Mada'

Janga ku a yuda ku Klup di Mucha, Skol di Djadumingu i Grupo di Dama. Ramona 'Mona' Beaumont ku a limpia Iglesia pa hopi tempu. Valentin 'Papasito' van Arneman ku tabata responsabel pa e parti di mantenshon di Iglesia i santana, parti finansiero di Iglesia, i Juliana 'Jana' van Arneman-Thomas ku e ministerionan di Skol di Djadumingu, Grupo di Dama, Klup di Mucha. Rosalindo 'Lino' Beaumont ku semper tabata kla pa duna un man den kualke trabou, di mantenshon òf ku un konseho.

Alabes nos ke yama kada miembro, kada ruman ku ta bishitá Iglesia di Rincon regularmente MASHA DANKI primeramente pa nan orashon kontinuo, i nan aporte duná desde prinsipio te awor ku iglesia ta preparando pa selebrá su di 65 aniversario na 2025'.

Mishoneronan Minister i Señora Ressler 2010.

Pastor Dean Ressler i esposa Ingrid Ressler.

Rumannan Iglesia Salu di Tera 2005/2006.

Ministerio di músika ku kuarta.

KAPÍTULO 33

IGLESIA
PRENS DI PAS

HISTORIA DI IGLESIA ALIANSA EVANGÉLIKA 'PRENS DI PAS NIKIBOKO'

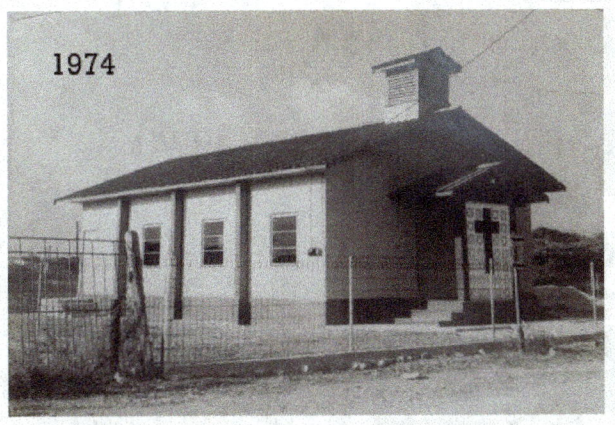

Iglesia Aliansa Evangélika Prens di Pas Nikiboko 1974.

Introdukshon

"SEÑOR a hasi kosnan grandi pa nos;
pesei nos ta kontentu."
Salmo 126:3

Pa medio di e relato akí, nos ta kompartí e viktoria di nos Dios, na Ken e Iglesia akí ta duna gradisimentu i na Ken Su nòmber 'Prens di Pas' e kongregashon akí di Nikiboko ta yamá. Hopi tabata e intentonan pa stroba e iglesia di Dios avansá, pero Dios ta fiel i a triunfá. Pa nos por a yega akí na aña 2022 ta pa medio di obedensia di hòmbernan i muhénan na e yamada di Dios, pa inisiá e trabou di Señor akí.

Pastor Alejandro Martinus i Minister Earl Ressler 2 persona Klave den inisio di Iglesia Prens di Pas.

Nasementu di e Iglesia (1971-1974)

TEAM (The Evangelical Alliance Mission) a funda iglesia na Boneiru pa medio di mishoneronan Earl i Ruby Ressler. Na un edat yòn Dios a yama Earl pa bai sirbiÉ. Pero kon lo e bisa su tata ku Dios a yam'é siendo ku e ta e úniko yu, i responsabel pa yuda su tata drai e kunuku? E tabata kana hasi orashon, yega te na porta di kamber di su tata sin por a drenta bisa loke tabata pasando kuné. Un dia despues di orashon, el a tuma kurashi i a bisa su tata ku Dios a yam'é. E tata a komprondé i a aseptá ku si Dios a yam'é, e mester bai. Den luna di yanüari 1951, Earl i Ruby Ressler a bai Aruba pa siña papiamentu i na aña 1952 nan a yega Boneiru. E famia akí a biba na Nikiboko den Kaya Emerenciana pa várias aña, esaki ta e kas nèt pariba di e iglesia aktual. Aki nan a kuminsá klas pa mucha i mas despues tambe sirbishi. Pa motibu ku nan a konstruí e promé edifisio pa Iglesia Aliansa Evangélika na Nort Saliña e kreyentenan na Nikiboko a bai sirbishi na Nort Saliña; klas di mucha si tabata sigui na Nikiboko na kas di famia Ressler. Ma e deseo pa por tin un iglesia na Nikiboko no a disparsé. E pueblo di Nikiboko tabata ekspresá esaki kontinuamente.

Na aña 1971 a organisá un kampaña bou di un tènt grandi riba e tereno aktual di Iglesia na Kaya Emerenciana #35 Nikiboko i várias persona a konfia Kristu komo nan Salbador. Pastor Hipolito Zievinger ku tabata pastoriá na Nort Saliña e tempu ei tabata enkargá ku e kongregashon. Alejandro Martinus ku tabata yuda pastoriá na Rincon a ofresé pa yud'é ku esnan resien kombertí. Despues Hipolito no por a kontinuá, debí ku e tabatin su man yen na Nort Saliña. Alejandro a haña un karga pa Nikiboko i den konsultá ku Earl Ressler, a enkarg'é ku e obra na Nikiboko tambe.

Durante di e periodo di 1971 pa 1973 tabata hasi sirbishi na kas di sr. Prospero i sra. Silberie. Tabatin estudio di Beibel i despues sirbishi di orashon. Despues el a

Kas na Nikiboko kaminda e sirbishinan a kuminsá despues di e kampaña di tènt.

bira sirbishi riba djadumingu atardi i Skol di Djadumingu. Na mei di 1973 a kuminsá ku konstrukshon di e edifisio pa Iglesia di Nikiboko. Famia Silberie a muda pa biba den un otro bario. Miéntras e sirbishi di djadumingu a krea fundeshi kaba na Nikiboko, a aserká sr. Prospero i sra. Gladys Paula pa kontinuá ku e sirbishi na nan kas, te na momento ku e edifisio lo keda kla na 1974. E persona ku tabata enkargá ku e sirbishinan na e dos kasnan akí tabata sr. Alejandro Martinus.

Kas di Prospero i Gladys Paula kaminda e sirbishinan a kontinuá promé ku Edifisio a keda kla.

Establesimentu di e Iglesia (1974-1986)

Pastor Alejandro Martinus tabata e pastor pionero den etapa inisial di Iglesia Prens di Pas. El a terminá Beibelskol na Venezuela i ora el a bolbe, el a kasa ku Irene Brown i a regresá pa biba na Rincon. E no tabata pastor ainda. El a kuminsá yuda na iglesia di Rincon ku tabatin Minister Ressler komo pastor. Ora ku Minister Ressler a regresá for di su ferlòf, el a puntra Alejandro na unda e lo ke kontinuá traha, na Rincon òf Nikiboko. Alejandro a skohe pa Nikiboko i minister Ressler a kontinuá na Rincon. Minister a informá Alejandro ku lo bai kuminsá ku konstrukshon di Iglesia di Nikiboko.

E kongregashon Prens di Pas huntu ku TEAM, a konstruí un edifisio na Kaya Andres A. Emerenciana #35. Personanan ku a traha ariba e fundeshi tabata minister Ressler, Alejandro Martinus, Freddy Cicilia i algun ruman mas di Nort Saliña.

Na aña 1974 a inougurá e edifisio i a kuminsá kongregá aki dia 17 di yüli 1974 te dia djawe. Na e momento ei a inskribí e iglesia komo propiedat di TEAM na gobièrnu a traves di statutonan di "Comunion di Iglesianan Alianza Evangelica di Antiyas Hulandesas", Komunion ABC. E promé konstitushon di e Iglesia lokal ta data for di 1981 i e último di 1 sèptèmber 1992.

Ordenashon di sr. Alejandro Martinus komo Pastor ofisial di Iglesia di Nikiboko.

Dia 9 di febrüari 1975 tabatin un sirbishi di ordenashon pa Alejandro Martinus komo pastor ofisial di Iglesia Prens di Pas.

Pastor Alejandro tabata traha huntu ku Freddy Cicilia i Prospero Silberie komo Ansiano di iglesia. Iglesia a kuminsá tèstifiká den bario di Nikiboko, despues a sigui pa Tera Kòrá i Amboina. E promé personanan di e bario di Nikiboko ku tabata asistí na iglesia di Nikiboko tabata: Cicilia Cicilia, Catharina Hart, Chacha i Tina Hart, Olga Valentijn, Catharina (Katachi) Domacasse, Tica Cicilia, Jacintha Mercera, Gladys Paula i yunan, Felicia

Emerenciana, rumannan Gracia, Miralda i Joyce Frans. Ora ku tabata sali evangelisá, e hendenan di Nikiboko no tabata aseptá e Evangelio fásil, nan tabata pensa ku nan ta biba i muri den e religion ku nan a lanta. E yabi pa kresementu na Boneiru a proba di ta kontakto personal i bishitamentu. Tin hopi potensial den e iglesia i e bario akí pa desaroyá. Mas despues Herbert Sillié a bira sekretario i Joyce Frans a bira tesorero. E iglesia tabata kompletamente organisá. E promé konstitushon di e Iglesia lokal ta data for di 1981.

Pastor Alejandro Martinus i esposa Irene Martinus huntu ku un di nan yunan.

Irene Martinus ku Felicia Emerenciana tabata traha ku klup di mucha i tambe programa radial i programa pa damas. Mas despues Felicia a bai studia na Skol di Beibel na Jamaica i despues a bira mishonero di APEM. Tambe Iglesia a kuminsá ku klup di hubentut i tabatin diferente piknik i kampaña. Pastor Alejandro a ekspresá: "Loke ami a hasi hopi tabata bishitá e tou i esei a duna hopi resultado. Mi ta gradisí Dios semper pa e gran oportunidat ku El a duna mi pa pastoriá e iglesia di Nikiboko." Alejandro tabata pastor na Iglesia Prens di Pas te ku aña 1986. E Iglesia tabata establesé i ku gran potensial ku ayudo di nos promé pastor Alejandro Martinus.

KAPÍTULO 34

PERIODO DI FORMASHON DI E IGLESIA
(1987-2001)

Kongregashon Iglesia Aliansa Prens di Pas. Dékada 80.

Pa komienso di 1987, lidernan di Komunion di Iglesianan a pidi Pastor Dean Ressler, yu hòmber di Earl i Ruby Ressler, pa tuma enkargo di iglesia di Nikiboko debí ku Pastor Alejandro Martinus a tuma su retiro. Dios a usa Dean ku su don di siña pa forma e iglesia i pone un bon base doktrinal a traves di estudio i mensahe. Dean Ressler a duna tambe treinen pa evangelisashon 'amikal'. A bin un oumento den asistensia general di iglesia. Sirbishi djadumingu mainta tabatin un averahe di kuarentiocho persona i anochi di trintishete persona. Riba djárason e asistensia tabata averahe bintidos. Tabatin tres boutismo, reunion di dama mensualmente; Skol di Djadumingu pa mucha i adulto; klup di APEM pa alkansá mucha na Nikiboko, i hóben adulto tambe a kuminsá reuní bou di e nòmber 'Union Sosial di Adulto'. Den e mesun aña aki Miguel Martis, un lider di hubentut ku tabata asistí na Iglesia Aliansa Evangélika 'Lus di Mundu' na Palu Blanku Kòrsou, despues di a graduá ta muda pa Boneiru pa ministerio. A traves di añanan Pastor Dean ta kontinuá ku e parti di formashon i tabata invitá hòmbernan di Dios manera Pastor Eusebio Petrona, Pastor Clavis White, Mishonero Robert McClain, Pastor Richard Cowser, Pastor Cecil Alberto, Mishonero Kenneth Balootje, Pastor Rogelio Sambo, sr. Hubert Raphaela, sr. Ivan Rosalia i sr. Rob Carolina pa yuda den evangelismo i konferensia. Rumannan Eric van Arneman i Miguel Martis a yuda

Programa di Hubentut. Presentashon di Lidernan i Hóbennan na Sentro di Bario Nikiboko. 1988/1989

hopi den predikamentu djadumingu anochi. Klup di Hubentut tabata na enkargo di Miguel i Daisy Martis, Randolf i Miralda Paula i Marilyn Paula.

Mishoneronan di 'Trans World Radio' aktivo na Iglesia

Durante di e periodo akí tabatin mishonero di TWR na Boneiru, diferente di nan a hasi Nikiboko nan kas pa kongregá. Algun di nan tabata involukrá ku dunamentu di lès, predikamentu i tokamentu di piano. Esaki tabata un manera pa nan por a drenta den komunidat di Boneiru i tabata di bendishon pa e rumannan. Algun di nan: Tim i Glenda Mc Elhany i yunan, Dennis i Vicky Gast i yunan, Hansz Peter i Frenny i yunan, Armando i Gladys Romo i yunan, Manuel Suares i Aura, Saturno i Maria Colmenares i famia. Iglesia tabatin solamente Dean Ressler komo pastor / ansiano i pa un tempu a kuminsá invitá Miguel Martis pa ta huntu kuné den un 'Konsilio', pa papia i konsultá asuntunan i trabounan di Iglesia. E pastor tabata tuma desishon i despues tabata komuniká esei na e kongregashon.

Na aña 1990 tin un suseso hopi remarkabel i di gran goso ta sobresalí den e historia di e trabou di Señor riba nos islanan. Beibel Santu ta sali kompleto na nos dushi idioma papiamentu i Boneiru ta selebrá esaki dia 27 di òktober na Jong Bonaire. Tambe nos ta rekordá aña 1990 komo un aña di éksodo, debí ku hopi ruman a bandoná Boneiru i bai biba den eksterior. Un tersera parti di e kongregashon a bandoná Boneiru durante mei pa ougùstùs. Na luna di mei un famia lokal, Randolf, Miralda, i Joël Paula, ta bai pa preparashon bíbliko na 'Instituto Bíblico Palabra de Vida' Argentina. Averahe di sirbishinan djadumingu mainta a baha te na trintisinku, anochi bintiocho i djawebs diesseis. Awor tin poko hende pa hasi e trabou. Hopi preshon riba esnan ku ta traha, vários ministerio mester a stòp. Hubentut i algun klas di Skol di Djadumingu a stòp pasobra no tabatin sufisiente i lider.

Na novèmber 1991 Kenneth i Ana Ansano i famia di Kòrsou a yega Boneiru pa traha ku hubentut ku e ministerio di Palabra di Bida Boneiru.
Na 1993 a kuminsá evangelisá den e bario di Amboina. A kuminsá ku partimentu di e bukinan di deboshon "Our Daily Bread" i "Nuestro Pan Diario" den e bario akí. Tabatin vários persona habrí pa e evangelio i algun a kere den Hesus komo Salbador i a haña disipulado. Un grupo grandi di latino a kuminsá asistí na sirbishi. Debí na esaki a kuminsá ku sirbishi na spañó djasabra anochi guiá pa Carlos Manolo Ogando. Asistensia na e sirbishinan akí tabata di 20-30 persona. Nerio Mercelina ta kombertí i ta pidi pa kuminsá ku sirbishi i studio di Beibel na su kas riba djabièrnè huntu ku tur su famia. Na komienso Manolo, Frank i Miguel tabata atendé esaki.
A tene Komunion 29 na Nikiboko dianan 28 di yüli te ku 1 di ougùstùs. Diferente proyekto di konstrukshon tabata kompletá: a kambia bentanan pa shùter di palu, traha

kurá di iglesia i lugá pa stashoná, i a fèrf iglesia.

Kenneth i Ana Ansano a bolbe Kòrsou pa sigui ku Palabra di Bida na Kòrsou.

Na desèmber 1993 Randolf, Mimi, Joël i Jonatan Paula ta bolbe Bonaire for di Argentina pa sigui sirbi Señor. I mas despues Marilyn i Jackeline Paula tambe a bolbe for di Argentina. Mas o ménos un aña despues ku Randolf Paula ta regresá for di skol di Beibel, e tambe ta forma parti di e 'Konsilio' huntu ku Pastor Dean i Miguel Martis.

Na aña 1994 a sigui evangelisá den Amboina i a haña yudansa di e rumannan di Rincon. Tabatin diferente persona ku a hasi profeshon di fe i nan a haña disipulado. Klup di Hubentut Palabra di Bida ta kontinuá ku klup semanal bou di guia di Randolf i Miralda Paula, Jackeline Paula i Randolf i Noralyne Mercelita. Diferente hóben ta hasi profeshon di fe a traves di eventonan i kampamentu di Klup Palabra di Bida. Damanan a kontinuá ku reunion mensual bou di guia di Noraline Mercelita, Gladys Paula i Miralda Paula. Ta re-introdusí klup pa mucha di 4 pa 12 aña i tabatin hopi entusiamo pa esaki bou di guia di Joyce Frans i Marilyn Asmah.

E grupo spañó tabata kresiendo i tabatin algun posishon i forma diferente di atendé ku sirbishi. Iglesia a aserká Carlos Ogando mirando ku pa motibu di e kresementu i diferensia doktrinal lo ta mihó pa ambos, ku nan lo por kuminsá un ministerio na spañó apart. Pastor Manolo a skohe pa lanta su mes iglesia na spañó i mayoria di e grupo latino ta uni kuné.

Na 1997, ta kompletá e kancha deportivo i ta inougurá esaki ku diferente torneo ku toke evangelístiko. E aktividat di 6 di sèptèmber Dia di Boneiru tabata unu hopi gustá den e pueblo. A estrená e video di Hesus na papiamentu na aña 1998, i e video tabata un medio importante di evangelisashon den bario. Na luna di aprel 1999 a pasa e video evangelístiko di Hesus na papiamentu na Antriol, Tera Kòrá i Nikiboko.

Evento Spesial riba 18 di yüli 1999

Iglesia di Nikiboko ta selebrá 25 aniversario. Gezaghèber Richard Hart a hasi akto di presensia i Pastor Rogelio Sambo a prediká. Vários persona a hasi profeshon di fe den Kristu. Novèmber i desèmber di e aña akí a parti traktado ku tabata trata asuntu di aña 2000, pa tur kas na Boneiru.

Klup di Hubentut Palabra di Bida i klup di Mucha APEM tabata dos ministerio ku sigur a hasi un influensia sumamente positivo den e iglesia di Nikiboko. Nan a yuda forma futuro lidernan. Klup di Hubentut a sigui bou di guia di Randolf i Miralda Paula. Ku vários programa evangelístiko manera entre otro: futbòl i vòli evangelístiko, mundialito, wegaton, kampamentu na Boneiru i Kòrsou, kubriendo e parti spiritual i sosial di e hóben. Klup di Mucha tabata bou di guia di Daisy Martis i e tim di lidernan. Vários ruman a partisipá den diferente Klup di APEM i Fakansi Beibel Skol (VBS) na diferente sitio na Nikiboko, Tera Kora i Antriol buskando pa alkansá e muchanan pa Kristu. Despues di algun luna di inaktividat, klup di damas a sigui bou di guia di Ingrid Ressler. E aña akí kabayeronan a kuminsá reuní djasabra mainta pa 6or den un ambiente informal i práktiko ku estudio Bíbliko.

Dékada nobenta tabata un periodo di kresementu pa Iglesia Prens di Pas. Nos por gradisí Dios Kende ta Doño di e obra, pa Su Bon Man riba Iglesia Aliansa Evangélika Prens di Pas.

Na aña 1990 asistensia tabata:	Na aña 1999 asistensia tabata:
Djadumingu mainta: 35	Djadumingu mainta: 71
Djadumingu anochi: 28	Djadumingu anochi: 48
Sirbishi di orashon: 16	Sirbishi di orashon: 29

"Kiko Apolos ta anto? I kiko Pablo ta? Sirbidónan pa medio di kendenan boso a kere, manera Señor a duna oportunidat na kada un. Ami a planta, Apolos a muha, ma ta Dios a duna kresementu." 1 Kortinionan 3: 5-6

KAPÍTULO 35

PERIODO DI TRANSISHON DI E IGLESIA (1999-2004)

Despues di e bunita aña di kresementu, a sigui añanan di prueba i inkietut. Aparte di kompartashon indebido di sierto ruman, durante di e añanan 1999 – 2004, iglesia a pasa den tempu ku hopi inkietut pa e liderazgo tambe. Hopi pregunta a kuminsá lanta tokante Dean su pastorado na Nikiboko. Si Dean lo sigui ora ku TEAM terminá su periodo na Boneiru òf ku Dean lo bai. Esaki a trese hopi turbulensia kuné entre e miembronan.

Tambe Dean a traha su so komo pastor i sin ansiano kuné i esei a kuminsá preokupá e kongregashon i a kuminsá papia i a akshoná den e direkshon akí. Miguel i Randolf tabata den konsilio sin tabata ansiano. Nos konstitushon ta duna direkshon kon pa selektá ansiano. Pues a disidí pa entregá nominashon, a informá miembronan i a hasi un selekshon di ansiano. Dia 5 di desèmber 1999, Dean ta yama un reunion di miembro i ta partisipá ku di kuater kandidato pa ansiano un a bira ansiano den persona di Dennis Gast. Dennis a gradisí pa e konfiansa, pero e ta partisipá na e miembronan ku e ta retirá komo ansiano. Pues e situashon a keda idéntiko, no tin un ansiano.

Dean a lanta un Fundashon pa representashon hurídiko pa e Iglesia. Den e fundashon akí Miguel Martis tabata postulá komo presidente i Randolf Paula komo sekretrario i tesorero.

Na komienso e iglesia tabata resortá bou di statuto i direkshon di 'TEAM'. Pero for di 21 di mart 2001 a instituí e Iglesia pa medio di un akta notarial i e iglesia ta inskribí na Kamara di Komersio, komo "Fundashon Iglesia Aliansa Evangélika Prens di Pas". E statuto ta deskribí e institushon su meta i forma di manehá e propiedatnan na nòmber i benefisio di e Kongregashon "Iglesia Aliansa Evangélika Prens di Pas".

Den medio 2001 Pastor Dean a tuma su retiro i a bai pastoriá solamente na Iglesia Nort Saliña. Riba 24 yüni 2001, den un sirbishi a duna gradisimentu na Dios i na Dean i Ingrid Ressler i Michelle pa nan aporte na e desaroyo di Iglesia Prens di Pas. Ademas a gradisí Dean pa a formalisá e Iglesia hurídikamente den un fundashon i tambe komo representante di TEAM a traspasá e terenonan i edifisio na e Iglesia lokal. Na e sirbishi di gradisimentu tabata presente tantu presidente i tesorero di Direktiva di Komunion di Iglesianan Aliansa Evangélika di Antias.

Di 2001 pa 2004 tabata un periodo kaminda Miguel Martis i Randolf Paula mester a buska kon ta bai sigui ku e obra di Dios. Pastor Carlos Perdomo a bin Boneiru i a pastoriá di 24 di yüni 2001 te ku 7 di sèptèmber 2002. Un di e tareanan di Pastor Carlos tabata pa yuda e iglesia haña ansianonan, pa maneho di Iglesia lo ta konforme e Palabra di Dios. Tabata un periodo kaminda tabatin hopi konsulta ku miembronan pa haña tur hende riba e mesun liña. Riba dia 17 di ougùstùs 2002 Pastor Carlos ta despedí di kongregashon i Pastor Cecil t'ei komo representante di komunion i ta gradisí famia Carlos i Ruth Perdomo pa un aña di yudansa na Nikiboko. Ta pidi e miembronan pa mientrastantu, sostené e lidernan ku tin.

Na yüli 2003 Iglesia ta enkomendá John i Marilyn Asmah pa e obra mishonero na Ghana. Marilyn Paula a konosé John Asmah di Ghana Afrika na Skol di Beibel na Argentina, nan a kasa i a sali komo mishonero pa Ghana Afrika ku nan yunan Joshua i Jake Asmah.

Komishon Dia di Boneiru, Sentro di Bario Nikiboko ta aserká iglesia pa tuma enkargo di tur loke ta deporte riba dia 6 di sèptèmber 2003 riba kancha di iglesia. Ministerio di Generashon Nobo a organisá e weganan pa mucha i pa hóben. Anochi Randolf Paula a presentá e evangelio a traves di iluminashon.

Pharence i Maudiene Mercera tabata deseá di prepará nan mes na un Skol di Beibel i ta sali pa bai studia na Texas na Rio Grande Bible Institute (RGBI) día 31 di desèmber 2003.

Lidernan ta partisipá na miembronan ku ta aserka Randolph Mercelita i Pastor Eusebio Petrona pa posibel pastor na iglesia, pero no tabata posibel pa niun di dos. Na aña 2003 Miguel Martis ta bira miembro di 'Comunion Iglesianan Alianza Evangelico di Antiyas Holandesas' representando Boneiru.

Den un reunion di miembro 28 di ougùstùs 2004 ku ta pa 'konfirmashon di ansiano' e miembronan presente a duna nan voto di konfiansa den e lidernan Miguel Martis i Randolf Paula. Ludwig Maria tabata presente komo testigu i a splika e iglesia kon importante e tarea akí ta i ta pidi e miembronan pa duna e ansianonan akí e sosten ku nan mester.

Dia 18 di september 2004 ta otro fecha memorabel, pasobra den presensia di Komunion di Iglesianan representá pa Pastor Cecil Alberto i sr. Norvel Fornerino ta instalá Miguel Martis i Randolf Paula komo ansiano di iglesia Prens di Pas.

Periodo di konsolidá e iglesia (2004-2014)

Iglesia tabata kontentu ku a konkretisá basta puntu di atenshon den e ministerio i nos por a nota un gran aporte i animashon mei mei di e pueblo. Liderazgo huntu ku e miembronan di iglesia a kuminsá papia kon pa ta un Iglesia saludabel. Na aña 1997 na un retiro di lidernan a trata e tema "The Purpose Driven Church" un buki ku hopi konseptonan práktiko kon pa por tin un iglesia saludabel. Nos a redefiní nos propósito:

Eksistensia di Iglesia Prens di Pas ta pa proklamá e Palabra di Dios den su puresa, pa hende yega na salbashon den Kristu. Ademas disipulá, batisá i ekipá nan, pa e yunan di Dios sirbi i edifiká otro den amor i pa alkansá bida madurá, ku ta eksaltá Dios, pa biba komo yunan di lus den nos komunidat.

Ku konvikshon, nos ta aspirá i ta komprometé nos mes ku ayudo di Señor, ku e siguiente vishon i vishon pa Iglesia Aliansa Evangélika Prens di Pas.

Vishon:
"Un iglesia di Dios ku ta Evangelisá mundu, Edifiká rumannan i Eksaltá Dios."

Mishon:
Eksaltá Dios, Evangelisá mundu i Edifiká kreyentenan.

Den tur e ministerionan a revisá e metanan i a enfatisá e puntunan ariba menshoná pa por alkansá enberdat loke nos ta konvensí ku Dios a yama Iglesia pa hasi na Bonaire. Esaki a duna klaridat i mas intendimentu pa ministerio en general. Alaves a revisá koiténan i a agregá loke tabata falta. Nos por gradisí Dios i rumannan ku a pone nan mes disponibel segun nan talento i donnan.

Na aña 2006 a bini un komité pa Klup di Damas konsistiendo di Miralda Paula komo kordinadó huntu ku Daisy Martis, Chinta Mercera, Lilian Paula i Esther White. Organisando programa mensual, pero tambe konferensia i retiro pa dama. Tabatin enterkambio kaminda damanan di Boneiru a bishitá retiro di dama na Kòrsou i damanan di Kòrsou tambe a bishitá Boneiru pa retiro spiritual.

Na aña 2008 ku goso nos ta risibí Pharence i Maudiene Mercera i Jadan bèk na Boneiru, despues di a terminá i graduá na Rio Grande Bible Institute (RGBI). Nan ta yega ku hopi smak pa sirbi Señor.

Den e mesun aña akí Ansiano Miguel Martis i Daisy Martis ta graduá di 'Vision International University', komo respektivamente Bachelor i Master den estudionan theológiko.

Na aña 2009 Ansiano Randolf ta pasa na Pharence i Maudiene e enkargo di ministerio di hubentut.

Dia 16 di ougùstùs 2009 Diannenara Elisabeth Mercera (Daya) ta aserká ansianonan di iglesia pa un deseo ku e tin riba su kurason pa kuminsá ku un 'Akohida despues di Skol". Daya ta deseá di usa e edifisio di Iglesia Prens di Pas pa realisá su soño i 10 di ougùstùs 2009 esaki ta mira lus.

Den aña 2012, Komunion di Iglesianan a pone un retiro di lidernan i a bin ku un resolushon pa un proyekto pa lidernan nobo komo relevo. Alaves a kuminsá ku Reunion di Konsilio pa atendé ku identidat di Iglesianan Aliansa Evangelika di ABC pa por sigurá un kontinuashon saludabel i uniforme.
Dia 19 di ougùstùs 2012 ta otro fecha pa regosihá pasobra ta nombra i enkargá Donald Paula komo diákono di Iglesia Prens di Pas.

I na aña 2013, Iglesia a kuminsá papia i atendé pa ekstendé liderato di iglesia ku mira pa amplia i repartí responsabilidat serka mas persona guiá pa Señor i asina garantisá un maneho saludabel. A papia ku miembronan i a inisiá kombersashonnan ku Pharence Mercera pa sirbi komo ansiano na iglesia.

Na yanüari 2013 Michael Martis, otro hóben di iglesia ta sali pa Texas pa inisiá su estudionan na RGBI i na 2016 e ta terminá i ta graduá.
Otro hóben ku a bai studia ta Jair Mercera na RGBI Texas i Gil-Marie Mercelina na 'Word of Life' na New York.

Dia 7 di novèmber di e mesun aña akí ta hasi un reunion ku miembro i no miembro pa interesá esnan ku ta kongregá di kon ta importante pa bira miembro.

A trata e dia akí, ken nos ta komo iglesia, kiko nos ta hasi, kiko nos ta kere, fundashon i statutonan i pakto di membresia.

Akohida di Mucha ta krese i Daya ta aserká iglesia ku e ta bai kuminsá ku krèsh tambe.

Durante komienso di aña 2014 ansianonan di Nikiboko huntu ku lidernan di Rincon ta sinta pa atendé un asuntu di diferente ruman ku ta bishitá Nikiboko. Ansianonan di Nikiboko a sinta ku e rumannan apart i e lider apart pa yega na un entendimentu pero sin por a rekonsiliá. Diferente di e rumannan a kuminsá kongregá na Nikiboko. I den e reunion ku Direktiva di Komunion a atendé esaki i a konkluí pa Nikiboko sirbi e rumannan akí den nan nesesidat.

KAPÍTULO 36

PERIODO DI REALISASHON DI IGLESIA
(2014-2022)

Nos ta konsiderá ku na 2014 a kuminsá ku un periodo ku tantu e Vishon i Mishon di Iglesia tabata bon konosí i ku tabata traha kada dia mas segun e kapasidat presente. Liderato a tuma e responsabilidat pa reuní lo sufisiente, tantu entre nan, komo ku miembronan mes i ehersiendo un formato di informashon habrí pa ku e desaroyo di e Iglesia. E konsilionan entre e Iglesianan Evangélika na e Islanan, tambe ta di gran yudansa pa bai den e direkshon di konkretisá metanan. Pues sigur un periodo di evaluá konstantemente pa realisá e meta prinsipal pa kua nos ta eksistí komo Iglesia.

E proseso di instalashon di un ansiano mas a kana hopi bon den harmonia huntu ku e kongregashon i ku alegria iglesia por a selebrá ku dia 21 di sèptèmber 2014 ta instalá *Pharence Mercera* komo ansiano na Iglesia Prens di Pas.

Maneho di Iglesia ta konosé awor un 'Kuerpo Pastoral' ku ta konsistí di tres ansiano / pastor; Miguel Martis, Randolf Paula i Pharence Mercera. A repartí e diferente ministerionan i komiténan di Iglesia bou di e pastornan i alaves ta repartí púlpito periódikamente pa predikamentu, Sena di Señor, boutismo, entiero i kasamentu. A pone hopi atenshon pa instrukshon i formashon di sirbidónan, pa por traha den vários ministerio i komité.

Durante di e periodo akí, Klup Generashon Nobo, tantu klup di hubentut, komo klup di mucha tabata krese ku hopi ánimo. Skol di Djadumingu a krese i tabata animá ku 'workshop' pa maestro, kompetensia di versíkulo, presentashon di kada klas, buki di tarea pa alumno i manual pa maestro na papiamentu produsí pa iglesia mes, tur a kontribuí na desaroyo spiritual di grandi i chikí. Retiro, konferensia, kampamentu, VBS, i salida sosial a duna oportunidatnan di sirbi i krese.

Fakansi Beibel Skol 'Hesus ta mi Héroe'. 2020

Esaki a bendishoná bida di hopi ku komo resultado kresementu spiritual.

Un danki na Señor pa hasi esaki posibel i pa e gran ánimo i disponibilidat di rumannan.

Den 2016 ta forma grupo di sirbishi pa realisá tarea pa aktividat sosial i programa. Ku e meta pa involukrá rumannan pa nan ta aktivo den e sirbishi di Señor. Ta forma tres grupo ku ta turna mensualmente. Personanan enkargá ta Donald Paula, Daimiro Janga i Sixto Trenidad. Jackeline Paula ta aserká ansianonan ku su deseo di sirbi komo mishonero i 15 di mart 2019 e ta sali pa bai sirbi seis luna komo mishonero na República Dominicana i seis luna na Mexico. E ta regresá Boneiru dia 15 di mart 2020.

Algun ministerio ku a bini aserka durante e periodo akí

Pareha

Iglesia a konosé e ministerio di pareha, na enkargo di pareha Miguel i Daisy Martis. Nan tabata traha huntu ku diferente pareha komo líder ayudante den e ministerio akí. Aktividatnan ku nan a organisá tabata programanan i konferensianan, ku asistenstia di parehanan ku ta asistí na iglesia i tambe bishitante.

Hòmbernan

E nesesidat den e área akí a krese durante di añanan i tabatin enkuentro pa hòmbernan, pero ta den e ùltimo añanan akí el a bira algu mas strukturá. A kuminsá reuní seis bes pa aña, awor ta hasié tur luna. E ta un tempu kaminda ta atendé e nesesidat profundo di e hòmber. A organisá konferensia ku Pastor Eusebio Petrona, Hubert Rafaela, Norvel Fornerino, Cecil Alberto. E aktividat ta bou di guia di Randolf Paula huntu ku Daimiro Janga, Alfred Beukenboom i Adimiro Wanga.

Akohida pa Mucha

E akohida pa mucha, "Huntu nos ta Progresá" ta un gran bendishon pa e iglesia. Pa medio di e programanan diario e porta di Iglesia ta habrí tur dia den siman, risibiendo muchanan di 4 pa 12 aña. Nan ta haña yudansa den nan lèsnan di skol, pero den un ambiente kompletamente kristian, kaminda lidernan di iglesia mes i algun otro ta mustrando e amor di Kristu na e muchanan akí. E muchanan akí ta partisipá den Klup di Mucha, Skol di Djadumingu i VBS. Tur atardi den siman, tin ambiente riba e kancha di iglesia. Asina iglesia ta trese un ambiente den e bario di Nikiboko.

Den aña 2018 Ludwig Maria ta aserká iglesia di Nikiboko pa yuda na iglesia di Nort Saliña enkonekshon ku su ousensia. Pastornan Miguel Martis, Randolf Paula i Pharence Mercera tabata yuda ku mensahe. Na aña 2020 Pastor Randolf Paula ta haña enkargo di e iglesia di Nort Saliña na momento ku Pastor Ludwig no t'ei. Asina iglesia a apuntá hóbennan adulto tambe pa yuda ku predikashi. Esaki pensando riba e proyekto Óptimo, ku ta un proyekto na tur e iglesianan di Aliansa na Aruba, Boneiru i Kòrsou pa stimulá i trein e hóbennan adulto pa prepará nan den e kuadro pa kontinuá ku e ministerio.

Óptimo ta para pa: Operashon Timoteo, ku ta integrashon di lidernan. Kana huntu i krese huntu! Hóbennan adulto di iglesia ku ta bai yuda ta: Michael Martis, Jonathan Pourier i Sixto Trenidad.

Durante Covid-19

Na komienso di Covid-19 den mart 2020 kaminda tabatin 'lock-down' pa vários luna, a reuní usando Zoom pa por a keda den kontakto ku e rumannan pa kasi nuebe luna. I a krea un app di iglesia pa informá i animá rumannan. Na komienso di aña 2021 a kuminsá reuní ku un kantidat limitá den e edifisio na Nikiboko, teniendo kuenta ku e reglanan di higiena i distansiamentu físiko segun reglamentu di òrdu ku gobièrnu ta stipulá. Na e sirbishinan aki semper nos tabata yega e kantidat máksimo ku tabata permití. Nos a sigui transmití e sirbishinan a traves di Zoom pa esnan ku no por yega.

Di dos mitar di 2021 ora ku kasonan a kuminsá baha, a oumentá e kantidat te na 60, ku inskripshon adelantá i a sigui hasi uso di Zoom pa esnan ku no por tabata presente. Ya pa último kuartal di aña 2021 a bolbe na normalidat i a stòp Zoom pa asina animá rumannan pa bini huntu. Durante e tempunan difísil akí, nos a mira algun desaroyo hopi importante manera: Lidernan di Skol di Djadumingu trahando nan lès usando video i manda den app pa muchanan i hóbennan. Iglesia a avansá den plan pa usa medio sosial pa alkansá hende.

Deseo pa un pastor tempu kompleto

Kada un di e ansiano ta traha sekularmente aparte di nan tarea di pastoriá e Iglesia. Ta e deseo i a kuminsá ku e trayekto pa un di nan por bira pastor tempu kompleto den e trabou pastoral. Iglesia ta konsiente ku preparashon di e hòmbernan aki ta esensial, pa nan por sigui duna e kuminda spiritual i alkaso den e tempu aktual. Iglesia ku mira riba esaki tur aña ta kubri gastu pa un di e parehanan pastoral por bai un konferensia. Na aña 2018 pa 2020, iglesia a sostené nan, nan esposa i algun lider mas, ku un kurso "on line" di dos aña di konseheria i terapia familiar i estudio theológiko avansá.

Gratitut

Filipensenan 1:3,5
"Mi ta gradisí Dios kada bes ku mi kòrda riba boso. Pa motibu di boso partisipashon den e Evangelio for di promé dia te awor".

Nos ta agradesido na Dios, pa Su fieldat guiando i kuidando e obra na Iglesia Aliansa Evangélika Prens di Pas. Durante di tempu difísil i durante di tempu bon, Señor Dios tabata ku nos, un Baranka Fuerte, pa asina nos por a hisa na laira e bandera di Viktoria den Kristu Hesus,

Danki na tur e pastornan ku a kuida e tou ku diligensia aki na Iglesia Prens di Pas. Danki na tur ruman ku a pone nan skouder huntu bou di kada ministerio, trahando inkansablemente pa yuda trese e mensahe di salbashon den Kristu Hesus tantu pa grandi komo pa chikitu. Danki na direktor i lidernan di Akohida pa Mucha, i tambe na e lidernan di klup pa e tremendo trabou desplegá. Danki na tur maestro di Skol di Djadumingu ku tur djadumingu ta komparti nan bida, tempu i Palabra di Dios na tur edat kuminsando for di mucha te ku adulto.

Nos ta kontinuá ku Fe, kreyendo e promesanan di Señor, ku un aktitut obediente pa por alkansá e mishon ku Dios tin pa ku Iglesia Prens di Pas na Boneiru i den restu di mundu. Ta nos deseo pa Iglesia Aliansa Evangélika Prens di Pas sigui kumpli ku 1 Korintionan 10:31

Kuerpo Pastoral; pastornan Miguel Martis, Pharence Mercera I Randolf Paula ta hasi orashon ku un hóben promé ku e muda pa un otro isla.

Kongregashon Iglesia Aliansa Evangélika Prens di Pas 2015-2016.

1 Korintionan 10:31 b

"Hasi tur pa e gloria di Dios"

www.ingramcontent.com/pod-product-compliance
Lightning Source LLC
Chambersburg PA
CBHW070531010526
44118CB00012B/1095